Van Feldgrau na

Van Feldgrau naar Kaki en Olijfgroen

"Mannen van de *Waffen-SS* en andere militaire collaborateurs onder de wapenen in de Koninklijke Landmacht na 5 mei 1945"

J.J.J. Hoogenboom

Uitgeverij Aspekt

Van Feldgrau naar Kaki en Olijfgroen
© J.J.J. Hoogenboom
© 2023 Uitgeverij Aspekt | Amersfoortsestraat 27, 3769 AD Soesterberg
info@uitgeverijaspekt.nl | www.uitgeverijaspekt.nl

Omslagontwerp: Lisa Dijkhuizen
Binnenwerk: BeCo DTP-Productions, Epe

Inhoudsopgave

Voorwoord

In 2013 bezochten Jacob Hoogenboom en ik de toen al hoogbejaarde Jan Folmer in Oostenrijk waar wij hem interviewden over zijn lotgevallen bij de Waffen-SS en later als soldaat in het Nederlands Detachement van de Verenigde Naties dat een zware strijd voerde tijdens de oorlog in Korea. Jacob verwerkte deze informatie in zijn masterscriptie waarmee hij zijn studie in 2014 afrondde. Zelf zette ik mijn onderzoek nog een aantal jaren voort dat in 2017 verscheen onder de titel Vechten voor vijand en vaderland. SS'ers in Nederlands-Indië en Korea.

Een paar jaar geleden liet Jacob mij weten dat hij het voornemen had om zijn scriptie om te werken en aan te vullen en te publiceren. Natuurlijk heb ik hem daar graag bij geholpen door hem contacten en materiaal ter hand te stellen.

Zes jaar na mijn boek ligt nu de studie van Jacob in de boekhandel. Het blijft fascineren dat mannen die in de Tweede Wereldoorlog een verkeerde keuze maakten in de oorlogen daarna, in Nederlands-Indië en Korea, opnieuw in actie kwamen.

Uitgeverij Aspekt dat vaker publiceerde over de lotgevallen van Nederlandse wapendragers in Duitse krijgsdienst heeft met dit boek opnieuw een uitgave het licht doen zien over mensen die tijdens de Tweede Wereldoorlog het spoor bijster waren, maar in dit geval zich na de oorlog tenminste voor een deel rehabiliteerden en in een aantal gevallen het leven lieten in hun nieuwe uniform.

Natuurlijk zijn er overeenkomsten tussen dit boek en mijn studie, hoewel accenten ook weer anders liggen en er ook nieuwe gegevens konden worden aangedragen. Zo was het interessant om te lezen dat een Korea-militair later voor de Duitse staatsveiligheidsdienst, de Stasi, aan de slag ging. Het ondergraaft opnieuw de claim van de toenmalige DDR dat zij, anders dan haar buurland West-Duitsland, nimmer gemene zaak maakte met voormalige nationaalsocialisten.

Gerrit Valk

Inleiding

Uit de artikelen van Chris van Esterik in *NRC Handelsblad*[1], 'Het litteken van het scheermes' en 'De vinger op de oude wonde', en de onthullingen van een Korea-veteraan in het VARA programma *Uitlaat* in 1968, bleek dat oud-SS'ers onder de Nederlandse vlag hadden deelgenomen aan militaire operaties tijdens de dekolonisatie oorlog in Indonesië en tijdens de oorlog in Korea. Na de Tweede Wereldoorlog waren voormalige militaire collaborateurs blijkbaar in het Nederlandse leger terechtgekomen. Men kan zich voorstellen dat de gevechtservaring die deze mannen hadden opgedaan van bijzondere waarde zou kunnen zijn geweest bij de heropbouw van de Nederlandse strijdkrachten tegen de achtergrond van de ontluikende Koude Oorlog en de dekolonisatie oorlog in Indonesië in het bijzonder. Daartegenover zou men kunnen betogen dat de krijgsmacht, die moest waken voor de veiligheid van het vaderland, behoorlijk in haar maag zat met deze groep 'landverraders'. Het is daarom interessant om in dit spanningsveld te kijken naar de manier waarop de Landmacht omging met voormalige militaire collaborateurs in haar gelederen.

---

1 C. van Esterik, 'Het litteken van het scheermes: SS'ers in Nederlands-Indië tijdens de Politionele Acties', *NRC Handelsblad*, 24 november 1984 en C. van Esterik, 'De vinger op de oude wonde. Politieke delinquenten onder de wapenen in 'ons Indië'', *NRC Handelsblad*, 30 november 1985.

Verder is het van belang, voor het verbeteren van ons inzicht in de manier waarop werd omgegaan met de nasleep van de militaire collaboratie tijdens de Tweede Wereldoorlog in de naoorlogse samenleving, en in het bijzonder en de krijgsmacht die deze samenleving voortbracht, om nader in te gaan op het thema oud-*Waffen-SS'ers* en andere militaire collaborateurs in de Koninklijke Landmacht. Ook deze episoden behoren tot de vaderlandse geschiedenis, maar zijn vooralsnog onderbelicht gebleven. In zijn omvangrijke standaardwerk *Het Koninkrijk der Nederlanden in de Tweede Wereldoorlog*, laat Lou de Jong deze kwestie bijvoorbeeld links liggen, waardoor dit onderwerp door het grote publiek al te gemakkelijk in de sfeer van doofpotten en complotten wordt geplaatst, vanwege het gebrek aan concrete gegevens. Dat laatste helpt niet ons inzicht in het historische verloop van zaken te vergroten, en werkt slechts ongefundeerde mythevorming in de hand. Daarom is het de hoogste tijd om de ervaringen van deze mannen te bestuderen, en een poging te wagen om deze in te bedden in het bredere historisch debat over de naoorlogse omgang met voormalige collaborateurs. Daarnaast pretendeert dit onderzoek geenszins een volledig overzicht te geven van alle individuele Landmacht militairen die tijdens de Tweede Wereldoorlog dienden in Duitse krijgsdienst.

Probleemstelling
Dat NSB'ers en andere Nederlanders die gedurende de oorlogsjaren hadden gecollaboreerd met de Duitse bezetter zich daarmee, bij de rest van de bevolking, onpopulair hadden gemaakt is een gegeven. In haar uitgebreide stu-

die naar de uitsluiting en 'heropvoeding' van collaborateurs na de Tweede Wereldoorlog, *Van landverraders tot
goede vaderlanders,* besluit Heleen Grevers veelzeggend:
'collaboratie met de Duitsers ontketende een collectieve
afkeer van 'landverraders'.[2]

In Nederland waren de Oostfrontvrijwilligers tijdens
de bezettingsjaren het paradepaardje geweest van de collaborerende NSB. In de collaborerende en gelijkgescha-
kelde pers werd uitgebreid verslag gedaan van de verrich-
tingen van 'onze jongens' aan het Oostfront. De
Oostfronters waren daarmee, in de ogen van de Nederlandse bevolking, verworden tot opvallende belichaming
van de collaboratie. Het ging hier immers om mannen
die actief meevochten aan de kant van de bezetter.

De Koninklijke Landmacht daarentegen had haar eigen
bijdrage geleverd aan de strijd tegen de Duitse bezetter.
Honderden Nederlandse militairen en vrijwilligers hadden in de gelederen van de brigade *Prinses Irene,* zij aan zij
gevochten met de Geallieerde bevrijders of sloten zich
vanuit het verzet aan bij de *Stoottroepen.* Het kwam gedurende de strijd aan het Albertkanaal in België in 1944
zelfs tot gevechten tussen dit aan Geallieerde zijde strij-
dend onderdeel en eenheden van het uit Nederlandse
vrijwilligers gevormde *Waffen-SS,* onderdeel *Landstorm
Nederland.* In dit onderdeel dienden ook veel Nederlandse Oostfront veteranen.

---

2 H. Grevers, *Van landverraders tot goede vaderlanders. De opsluiting
van collaborateurs in Nederland en België, 1944-1950* (Amsterdam
2013), 321.

Voor de buitenwereld waren de militaire collaborateurs, bovendien, een bijzonder opvallende en herkenbare groep: het waren immers Nederlanders die een Duits uniform droegen. In zijn omvangrijke studie naar het functioneren van de Bijzondere Rechtspleging en de juridische afhandeling van de collaboratie schrijft A.D. Belinfante hierover: 'Als ergens de in de bezetting ten aanzien van S.S.-ers gebruikte term "landverraad" (die overigens geen juridische betekenis had) op van toepassing was, dan was het op dit in een uit Nederlanders samengestelde eenheid gaan vechten tegen onze bondgenoten.'[3] Militaire collaborateurs waren daarmee een andere orde van grootte dan "gewone" collaborateurs.

Belinfante schrijft verder over een 'diepgewortelde haat' bij de Nederlandse bevolking ten opzichte van deze 'wapendragers' die in de directe nasleep van de bevrijding tot uiting kwam, in onder meer zware mishandelingen en de dood van geïnterneerde oud-SS'ers.[4] Dat de behandeling van deze mannen zodanig uit de hand liep dat meerdere gevangengezette oud-SS'ers lukraak om het leven werden gebracht, geeft te denken over de manier waarop de bevolking in de directe nasleep van de Tweede Wereldoorlog tegen deze mannen aankeek.

Gedurende de Duitse bezetting, was de militaire collaboratie zeker geen marginaal verschijnsel. Hoeveel Nederlandse jonge mannen exact het *feldgraue* uniform hebben

---

3 A.D. Belinfante, *In plaats van bijltjesdag. De geschiedenis van de bijzondere rechtspleging na de Tweede Wereldoorlog* (Assen 1978), 341.
4 Belinfante, *In plaats van bijltjesdag*, 341.

gedragen blijft helaas nog altijd onduidelijk. In het apologetische werk *Die Freiwillige* uit 1958, noemt Felix Steiner, de voormalige commandant van de *5. SS Panzerdivision Wiking*, het aantal 50.000 Nederlandse vrijwilligers.[5] In de omvangrijke studie *De SS en Nederland* concludeert Dr. N.C.K.A. in 't Veld daarentegen dat: 'naar schatting hebben er in de formaties van de *Waffen-SS* tussen de 22.000 en 25.000 Nederlanders dienst gedaan'.[6] Een aanzienlijk minder groot getal dan de claim van Steiner, maar desondanks een indrukwekkend aantal!

Daarnaast dienden veel Nederlanders andere Duitse krijgsmachtsdelen, zoals de *Luftwaffe*, het *Nationaal Sozialistisch Kraftfahrer Korps (NSKK)* en de *Kriegsmarine*. Deze geschatte omvang maakt duidelijk dat het niet ging om één of twee 'verdwaalde geesten', maar om duizenden jongemannen waarvan een eveneens onbekend aantal later in een *Olijfgroen* of *Kaki* kleurig uniform onder de Nederlandse vlag in de gelederen van de Koninklijke Landbmacht ten strijde trok. De overgrote meerderheid van de militaire collaborateurs diende echter bij de *Waffen-SS*.

De *Waffen-SS* werd na de Tweede Wereldoorlog, tijdens de processen in Neurenberg, bovendien als criminele organisatie aangemerkt en schuldig bevonden aan oorlogsmisdaden en de *Holocaust*. Deze veroordeling werkt een beeldvorming in de hand, waarin iedere individuele

---

5 F. Steiner, *Die Freiwillige. Idee und opfergang der Waffen-SS* (Munchen 1958), 373.
6 N.K.C.A. In 't Veld, *De SS en Nederland* (Den Haag 1976), 406.

SS'er verantwoordelijk kon worden gehouden voor de gruwelen van het naziregime. Betrokkene was immers lid geweest van de organisatie die voor deze misdaden was veroordeeld. Ook al voor deze formele veroordeling in Neurenberg ging de term SS'er in Nederland gepaard met een sinistere bijklank. Hierover schrijft Belinfante veelzeggend: 'Gedurende de bezetting stond S.S. voor de Nederlanders als het lichaam, dat de Sicherheitspolizei bemande, dat de concentratiekampen beheerde, dat het verzet en de Joden vervolgde, dat de Silbertannemoorden organiseerde en uitvoerde.'[7]

Toen, jaren later, naar buiten kwam dat een aantal van deze mannen na de Tweede Wereldoorlog had gediend in de Landmacht, zorgde dit dan ook voor een hoop ophef. Krantenkoppen als: 'SS'ers vochten in koloniale oorlog' en 'Oud SS'ers konden na de oorlog naar Korea' impliceren het optreden van een 'gesloten' groep oud-SS'ers binnen de krijgsmacht.[8] Voor de historicus is het interessant om te kijken, of deze mannen destijds door de Koninklijke Landmacht eigenlijk wel als bijzondere groep werden bekeken en behandeld. De Landmacht was geen parallel universum, maar een afspiegeling van de samenleving waar zij uit voortkwam. Met andere woorden, het ligt voor de hand dat een maatschappelijke veroordeling van het SS-verleden in het naoorlogse Nederland, haar weerklank heeft gevonden in de Nederlandse krijgsmacht. Aan

---

7 Belinfante, *In plaats van bijltjesdag*, 341.
8 'SS'ers vochten in koloniale oorlog', *De Waarheid* , 27-11-1984, en 'Oud SS'ers konden na de oorlog naar Korea', *Trouw,* 28-06-1968.

de hand van de persoonlijke herinneringen van een aantal oud-SS'ers die later in de Landmacht hebben gediend is te onderzoeken of dit inderdaad het geval is geweest.

Opmerkelijk is dat alle ophef over "landverraders" in de Koninklijke Landmacht zich lijkt te richten op mannen die ooit dienden bij de *Waffen-SS*, terwijl Nederlanders die bij andere Duitse krijgsmachtsdelen dienden nagenoeg buiten schot blijven. Waarschijnlijk speelt de beladen reputatie van de *Waffen-SS* hierin de hoofdrol. Technisch gezien hebben alle militaire collaborateurs zich door hun inlijving bij de Duitse strijdkrachten namelijk allemaal dezelfde misdaad begaan ten opzichte van de *wet op het Nederlanderschap en ingezetenschap*. Daarmee waren zij allemaal "fout" in de ogen van de naoorlogse samenleving. Daarom zal in dit onderzoek ook worden gekeken naar Nederlanders die in verschillende Duitse krijgsmachtsdelen dienst deden, en na de Tweede Wereldoorlog dienden in de Koninklijke Landmacht.

Vervolgens is het interessant, om de manier waarop binnen de Landmacht met deze groep werd omgegaan af te zetten tegen de 'normale' gang van zaken in de burgermaatschappij; om te kijken of de krijgsmacht op een afwijkende manier met het oorlogsverleden omsprong.

Deelvragen
Hiertoe is het vooraleerst van belang om te kijken hoe deze mannen in de naoorlogse strijdkrachten terecht zijn gekomen. Door hun beslissing om dienst te nemen in een Duits krijgsmachtsonderdeel hadden deze mannen, op basis van de *wet op het Nederlanderschap en ingezetenschap*

uit 1892, collectief hun Nederlandse nationaliteit verloren, waardoor het op het eerste gezicht mysterieus mag worden genoemd dat zij in de strijdkrachten terecht zijn gekomen. Werden zij wellicht specifiek aangeworven, om zich te 'rehabiliteren' door hun krijgservaring in de praktijk te brengen tegen de milities van de Indonesische Republiek en de legers van de Volksrepubliek China in de Koreaanse oorlog? Of betrof het eerder individuele gevallen die door administratieve fouten of op eigen initiatief de gelederen van de krijgsmacht waren binnen gesijpeld? Het eerste impliceert een bijzondere behandeling als groep, het tweede impliceert het tegenovergestelde; hoewel het een bijzondere behandeling na binnenkomst niet hoeft uit te sluiten.

Een tweede punt van aandacht is de spreiding van deze voormalige militaire collaborateurs over de krijgsmacht, en de manier waarop gebruik werd gemaakt van hun gevechtservaring. Werden zij wellicht geconcentreerd in één of een aantal speciale eenheden, zoiets als een 'strafbataljon', en 'opgebruikt' in bijzonder risicovolle opdrachten; of juist geconcentreerd in instructeur functies, opdat de krijgsmacht als geheel hun ervaring optimaal kon benutten? Indien dit het geval blijkt te zijn, staat vast dat de krijgsmacht op een bijzondere manier gebruik heeft gemaakt van deze mannen, en hen dus als aparte groep binnen de eigen gelederen heeft beschouwd.

Een derde punt van aandacht is het bewustzijn dat binnen de krijgsmacht bestond aangaande het krijgsverleden van deze mannen; in hoeverre was de Landmacht als organisatie op de hoogte van het SS-verleden van de mannen in kwestie? De door Van Esterik voor zijn artikel geraadpleegde bronnen, en de reacties op deze artikelen van oud-Indiëgangers spreken elkaar op dit punt tegen. Werden militairen die dagelijks met deze mannen in aanraking kwamen, bijvoorbeeld hun directe leidinggevenden, formeel op de hoogte gesteld van het oorlogsverleden van de personen in kwestie? Indien dit het geval blijkt kan dit worden opgevat als een duidelijk signaal van een bijzondere behandeling. Indien van een dergelijke 'waarschuwing' geen sprake blijkt te zijn, is het interessant om te kijken of en zo ja hoe het krijgsverleden van de personen in kwestie destijds aan het licht is gekomen.

Een vierde punt van aandacht is de naoorlogse loopbaan van deze mannen binnen de krijgsmacht, en de vraag of deze mannen hier wellicht werden geconfronteerd met discriminatie op basis van hun politieke en militaire verleden. Een mogelijkheid is dat deze mannen weliswaar in de Landmacht terechtkwamen, maar dat anderen hen daar bekeken en behandelden als tweederangs militairen. Men zou bijvoorbeeld kunnen veronderstellen dat zij vanwege hun collaboratie-verleden, niet in staat werden gesteld om promotie te maken of niet in aanmerking kwamen voor het ontvangen van militaire eretekens. Het structureel uitblijven van promotie of het collectief niet in aanmerking komen voor onderscheidingen zou kunnen wijzen op een geïnstitutionaliseerde vorm van discriminatie. Als blijkt dat de personen in kwestie wel in rang konden opklimmen en onderscheidingen hebben ontvangen, dan is dit een sterke aanwijzing dat voormalige militaire collaborateurs in ieder geval formeel niet werden achtergesteld binnen de Landmacht; en op dit vlak niet collectief als uitzonderingsgeval werden behandeld.

Aan de hand van deze vier punten hoop ik te kunnen ontdekken of voormalige militaire collaborateurs binnen de Landmacht formeel en/of informeel afwijkend werden behandeld ten opzichte van andere militairen; iets dat zou kunnen worden verklaard op basis van de manier waarop het naoorlogse Nederland aankeek tegen de (militaire)collaborateurs uit de bezettingsjaren.

Verder is het interessant om te kijken of hun oorlogsverleden een bezwaar vormde om opnieuw onder de wapenen te komen, en of het van invloed was op hun verdere militaire loopbaan. Vervolgens wil ik onderzoeken of de manier waarop binnen de Landmacht met deze mannen werd omgegaan overeenkomt met of afwijkt van de manier waarop in de burgermaatschappij met voormalige (militaire)collaborateurs werd omgegaan.

Bronmateriaal en verantwoording
Tijdens het schrijven van dit onderzoek bestond er zo goed als geen specifieke literatuur over oud-SS'ers in de Nederlandse krijgsmacht. In 2017, dus na het afronden van de scriptie die de basis vormt voor dit verhaal, verscheen over dit onderwerp het boek *Vechten voor vijand en Vaderland*, door Gerrit Valk, waarin onder andere wordt ingegaan op de persoonlijke ervaringen en achtergronden van verschillende SS-ers in Nederlandse krijgsdienst. Valk kijkt ook naar eventueel aannamebeleid en waardering. Dat boek is geraadpleegd om dit verhaal te verbreden, zonder dat inhoudelijk aan het originele betoog is getornd. Voor wie belangstelling heeft voor het onderwerp is het boek van Gerrit Valk zeker een aanrader!

Tijdens het scriptie onderzoek, waren verschillende auteurs echter wel in de marge van hun verhaal in zijn ingegaan op deze geschiedenis. Militair-historicus Jaques Bartels heeft er in zijn boek *Tropenjaren Ploppers en Patrouilles* zelfs een apart hoofdstuk aan gewijd, waarin hij benadrukt dat in het door hem uitgebreid onderzochte 2ᵉ Eskadron Huzaren van Boreel in Nederlands-Indië een aantal van deze mannen aanwezig was. Het belangrijkste onderzoek naar dit onderwerp zijn twee artikelen, geschreven door Chris van Esterik, die werden gepubliceerd in het *NRC-Handelsblad*: 'Het litteken van het scheermes: SS'ers in Nederlands-Indië tijdens de Politionele Acties' uit 1984 en 'De vinger op de oude wonde. Politieke delinquenten onder de wapenen in 'ons Indië''uit 1985. In deze artikelen beperkt Van Esterik zich echter tot de inzet van de krijgsmacht in Nederlands-Indië en slaagt hij slechts gedeeltelijk in de aanwezigheid van oud-SS'ers tijdens de *Politionele Acties* te verklaren. Van Esterik vermoedt op basis van 'vage richtlijnen aan de hand waarvan de politieke betrouwbaarheid van oorlogsvrijwilligers werd vastgesteld' wel dat er 'meer' aan de hand was en dat van een incidentele aanwezigheid geen sprake kon zijn.[9]

Er bestond dus tijdens dit onderzoek een gebrek aan specifieke literatuur en (beschikbare) officiële documentatie ontbrak. Deze documentatie, voor zover zij bestaat of toegankelijk is, is door Van Esterik uitgebreid nageplozen en zijn bevindingen leveren helaas geen afgerond verhaal op. Met enig speurwerk lukte het mij wel om een aantal individuele oud-SS'ers die in dienst van de Konink-

---

9 Van Esterik, 'De vinger op de oude wonde, noot 12.

lijke Landmacht zijn gekomen te achterhalen. Dat schept de mogelijkheid om een speurtocht naar de geschiedenis van deze groep te ondernemen aan de hand van de persoonlijke herinneringen van een aantal van hen. Natuurlijk moet bij het duiden van persoonlijke herinneringen als bron, in het bijzonder wanneer deze pas decennia later zijn opgetekend, de nodige voorzichtigheid in acht worden genomen. Maar het ontbreken van de mogelijkheid te putten uit een 'zuivere' bron dwingt ons soms onze dorst met brak water te lessen.

Op het persoonlijke niveau staan ons drie belangrijke bronnen ter beschikking; (auto)biografische documentatie, officiële documentatie van de Koninklijke Landmacht en documentatie over vervolging en veroordeling door de Bijzondere Rechtspraak. Samengevoegd geven deze aspecten een beeld geven van de ervaringen van individuele militaire collaborateur en zijn diensttijd in de Koninklijke Landmacht.

(Auto)biografische werken en verklaringen

Voor dit onderzoek zijn de opgetekende herinneringen een aantal mannen aan hun 'tweede diensttijd', namelijk bij de Koninklijke Landmacht, bestudeerd. Het betreft hier de volgende personen, naar wier herinnering in de loop van de tekst verscheidene malen zal worden verwezen. Hierbij moet gelet worden op de context waarin het materiaal tot stand gekomen is, en dient het effect die de tand des tijds heeft op het menselijk geheugen in het achterhoofd gehouden te worden. Het gaat hier hoofdzakelijk over autobiografisch materiaal, of biografische beschrijvingen waaraan de beschreven persoon zijn medewerking heeft verleed. In een enkel geval wordt hier gebruik gemaakt van biografische beschrijvingen uit de 2^e of 3^e hand.

Persoonlijke staten van dienst

Het Ministerie van Defensie, en diens voorgangers, houden personeelsdossiers bij. De zogenoemde 'staat van dienst'. In deze documenten worden naast diverse persoonsgegevens en fysieke kenmerken ook de globale loopbaan van individuele militairen vastgelegd. Nazoeking bij het Ministerie van Defensie heeft geresulteerd de beschikbaarheid van de persoonlijke staten van dienst van verschillende militaire collaborateurs, zoals bijgehouden na het einde van de Tweede Wereldoorlog. Deze dossiers vormen een objectief bewijs dat betrokkene daadwerkelijk in dienst is getreden bij de Koninklijke Landmacht, en geven zicht op de aard van dit dienstverband. Bovendien geven ze o.a. inzicht in eventuele bevorderingen, onderscheidingen of berispingen van betrokken militair.

CABR-Dossiers

Direct na het einde van de Tweede Wereldoorlog kwam in Nederland de berechting van (militaire)collaborateurs snel op gang. In het kader van de Bijzondere Rechtspleging werden persoonlijke dossiers aangelegd van verdachten. Deze dossiers zijn in veel gevallen aangevuld met officiële documentatie met betrekking tot de berechting van de verdachte, processen verbaal en een rechterlijke uitspraak. In sommige gevallen bevatten ze zelfs letterlijke *smoking guns* in de vorm van lidmaatschapskaarten, *Zalhbogen* of zelfs een *Soldbuch* waaruit kan worden afgeleid dat betrokkenen inderdaad dienst deden bij een Duits krijgsmachtsonderdeel. Bovendien bevatten deze dossiers in een aantal gevallen documentatie die is bijgehouden door de Stichting Toezicht Politieke Delinquenten waarin voor dit onderzoek relevante informatie is opgenomen. Deze dossiers zijn bijeengebracht in het Centraal Archief van de Bijzondere Rechtspleging, ondergebracht in het Nationaal Archief te Den Haag.

Deze dossiers bevatten een schat aan informatie in onder andere de vorm van processen verbaal waarin de verdachten zelf aan het woord komen. De oprechtheid waarvan soms toch ietwat in twijfel moet worden getrokken, een leugentje om eigen bestwil is immers zo verteld. Het lijkt wat dat betreft voor de hand te liggen dat personen in kwestie tijdens deze verhoren hebben getracht om een ietwat gunstig beeld van zichzelf neer te zetten. Zo is het bijvoorbeeld opvallend dat verschillende mannen hier bij hoog en laag volhouden nooit aan gevechtshandelingen

Verwerking

Deze officiële dossiers kunnen worden gebruikt als vergelijkingsmateriaal, waaraan persoonlijke herinneringen kunnen worden getoetst. Ook geven deze dossiers een unieke inkijk in het officiële bewustzijn van de krijgsmacht aangaande het oorlogsverleden van deze mannen. Mocht hierover bij Defensie iets bekend zijn geweest, dan is dit toch zeker de plaats waar notities over het verleden van individuele militairen moeten zijn opgetekend.

Al deze mannen deden na hun diensttijd bij verschillende Duitse krijgsmachtdelen dienst in de Koninklijke Landmacht. Dat wil natuurlijk niet zeggen dat bij de Marine of de Luchtmacht geen oud-SS'ers of andere militaire collaborateurs hebben gediend. Om het onderzoeksveld afgebakend te houden is echter gekozen om dit onderzoek toe te spitsen op de Koninklijke Landmacht, en de gang van zaken in andere krijgsmachtsonderdelen buiten beschouwing te laten.

Bij het verzamelen van materiaal voor dit onderzoek kwam een aantal mannen in beeld aan de hand van door hen zelf gepubliceerde herinneringen, of publicaties waaraan zij hun medewerking hebben verleend. Cees Kleijn, historicus en specialist op het gebied van de *Waffen-SS*, verschafte mij de personalia en achtergrond van een verschillende personen aan de hand waarvan het mogelijk was om bruikbare gegevens over hun diensttijd te achterhalen; waarvoor mijn bijzondere dank. Het beschikbare materiaal werd in de loop der tijd aanzienlijk uitgebreid, onder andere dankzij de inspanningen van Gerrit Valk voor zijn boek *Vechten voor vijand en vaderland.*

Het verder uitbreiden van het aantal persoonlijke herinneringen en officiële dossiers zou bijzonder helpen, om deze geschiedenis te verlevendigen en de empirische basis van verder onderzoek te verstevigen. Helaas zullen we moeten roeien met de riemen die we hebben, in de vorm van een handvol grotendeels gepubliceerde verhalen. Het is niet waarschijnlijk dat meer materiaal in deze vorm naar voren zal komen. De mannen zijn voor zover zij nog leven ver in negentig.

Ook het uitbreiden van het aantal te raadplegen persoonlijke staten van dienst en CABR dossiers verdient voor verder onderzoek aanbeveling, om de empirische basis van dit onderzoek te versterken. Hiertoe is telkens, met het oog op de wet op de privacy, een geschreven toestemming of overlijdensakte van de persoon in kwestie noodzakelijk. Helaas is een aantal van de door mij bestudeerde personen niet meer in staat om persoonlijke toestemming te verlenen tot het inzien van deze dossiers, of staan zij sceptisch ten opzichte van de betrouwbaarheid hiervan en weigeren daarom het verlenen van deze toestemming. In een aantal andere gevallen beschik ik slechts over onvolledige persoonsgegevens, zoals in het geval van Willem Timmers of zijn de personen simpelweg uit beeld van de onderzoekers en historici verdwenen, waardoor het onmogelijk is om hun toestemming te verkrijgen of een eventueel overlijden te verifiëren. In de nabije toekomst worden de dossiers in het CABR openbaar, dat zal ongetwijfeld aanleiding geven voor meer gedegen onderzoek.

In een ideale wereld, zouden de persoonlijke dossiers en herinneringen van personen één op één tegen elkaar kunnen worden afgezet. Helaas zijn in veel gevallen niet alle kanten van één verhaal beschikbaar, waardoor dit onderzoek is aangewezen op het vergelijken van informatie tussen heel verschillende personen. Desondanks is het toch noodzakelijk om beweringen en vermoedens uit de persoonlijke herinnering te toetsen aan de beschikbare dossiers. Men mag toch aannemen dat eventueel 'beleid' ten opzichte van deze personen, mocht dit hebben bestaan, op alle individuele gevallen van toepassing is geweest.

Eventuele discrepantie tussen deze formele dossiers en de subjectieve herinnering van de personen in kwestie, kan niet worden uitgesloten. Aan de hand van wetenschappelijke literatuur over de re-integratie van oud-collaborateurs in het naoorlogse Nederland, wordt getracht deze spanning op de juiste manier te duiden. Dergelijke spanning kan op basis van relevante literatuur namelijk goed worden bestreden. Hier speelt het mankement van de subjectieve herinnering als bron die een vertekend beeld van de historische werkelijkheid zou kunnen oproepen. Het gaat hier immers om de manier waarop de betrokkenen zich herinneren hoe gebeurtenissen zich jaren voorheen hebben voltrokken, of het beeld dat zij hier zelf over hebben gevormd in de loop van de jaren en niet noodzakelijkerwijze de historische gang van zaken.

Door de inzichten van Van Esterik te combineren met 'het verhaal', zoals dit naar voren komt uit de beschikbare bronnen en relevante wetenschappelijke literatuur, hoopt dit onderzoek duidelijkheid te scheppen over de lotgevallen van deze bijzondere en in de militaire geschiedschrijving onderbelicht gebleven groep.

Personen en korte biografische omschrijving

Jan Montijn (13-11-1924 te Oudewater / 10-08-2015 te Amsterdam)

Jan Montijn,
bron: omslag Montyn

Jan Montijn ontvluchtte, volgens zijn biograaf Dirk Ayelt Kooiman, zijn ouderlijk huis in Oudewater, door als vrijwilliger te tekenen voor de Duitse *Kriegsmarine.* Uiteindelijk belande hij na een schipbreuk aan het Oostfront en vocht daar als infanterist tijdens de slagen in het Koerland. Later zou hij dienen in het Franse Vreemdelingen legioen en bij het Nederlands Detachement Verenigde Naties, hierna NDVN, in Korea. Na zijn uitzending naar Korea dient hij tot 1958 als beroepsmilitair bij de Koninklijke Landmacht. Daarna breekt hij uiteindelijk door als internationaal gewaardeerd beeldend kunstenaar. Althans dat is het globale beloop van zaken zoals Kooiman deze weergaf in de biografische roman *Montyn* uit 1982.

De historische werkelijkheid ligt iets anders. Tijdens een politieverhoor waarin Jan Montijn zelf zijn verhaal doet van vlak na de oorlog verklaart hij dat: "Als NSB-lid werd ik in 1944 verplicht opgeroepen om te dienen bij de *Landwacht Nederland*. Na een korte opleiding bij de *Landwacht* ben ik daar uit gegaan omdat ik niet wilde worden ingezet in Nederland, ik heb mij toen vrijwillig gemeld bij de *Germaanse-SS in Nederland* en voor de *Kriegsmarine*. Van de *Kriegsmarine* ben ik toen samen met een aantal andere Nederlandse vrijwilligers overgeplaatst naar het regiment *De Ruyter* van de *SS-Freiwilligen Panzergrenadier-Brigade Nederland.*"[10] Een *SS Soldbuch*, voorzien van fotoportret, ten name van *Den SS Panzer-Grenadier* Jan Montijn in het CABR dossier vormt een hard bewijs. Boven in de marge van het titelblad van dit document staat, mogelijk door Jan Montijn zelf, handgeschreven de tekst *Kriegsmarine* aangebracht.

Het *enbloc* overplaatsen van buitenlandse vrijwilligers om de "Europese vrijwilligers eenheden" van de *Waffen-SS* te vullen met personeel van de juiste nationaliteit is op zichzelf geen uitzonderlijke gang van zaken. Dergelijke trucs werden door de Duitse autoriteiten uitgehaald om deze verzwakte eenheden te voorzien van vers bloed naarmate de stroom vrijwilligers begon op te drogen. In het hierboven genoemde verhoor onderschrijft één van Montijn's lotgenoten dezelfde onvrijwillige transitie van *Kriegsmarine* naar *Waffen-SS*. Echter dient hier wel te worden opgemerkt dat deze overgang van *Kriegsmarine* naar *Waffen-SS* gebeurde tegen de nadrukkelijke wens van *Reichs-*

---

10 Centraal Archief Bijzondere Rechtspleging, Jan Montijn, CABR 89477 (PRA Gouda, dossiernummer 1363)
CABR 110240 (PF Den Haag, dossiernummer 7042/47)
STPD Rotterdam 1429, dossiernummer 1641

fuhrer SS Heinrich Himmler. Himmler liet in officiële correspondentie weten dat 14 Nederlandse *Kriegsmarine* vrijwilligers die protest aantekenden tegen een gedwongen overplaatsing naar de *Waffen-SS* "onmiddellijk vrijgelaten dienen te worden en aan de marine te worden overgegeven".[11] Het is niet bekend of dit geval verwijst naar de groep waar Montijn deel van uitmaakte, maar het geeft wel aan dat hij succesvol in protest had kunnen gaan tegen zijn overplaatsing naar de *Waffen-SS*.

Jan Montijn werd door het bijzonder gerechtshof op 22 mei 1947 voorwaardelijk buiten vervolging gesteld. Op 17 mei 1951 werd Jan bij ministerieel besluit hersteld in het recht om te mogen dienen bij de gewapende macht, en op 21 juni 1951 vertrok hij met de *General McRae* als onderdeel van de C-cie van het NDVN naar Korea. In Korea raakt Jan Montijngewond door granaatscherven aan zijn armen tijdens een actie bij Mudong Ni. Na Korea gaat hij als vrijwilliger een verbintenis voor 7 jaar aan bij de Koninklijke Landmacht en verlaat in 1958 als sergeant de dienst.

Relevante vermelding in Staat van dienst: "Krachtens art 44 1e lid e der dienstplichtwet uit de dienst ontslagen miv.: 16-09-1948"[12]

---

11 H.Himmler, Brief aan Gotlob Berger 04-12-1944 in Vincx & Schotanius, *Nederlandse vrijwilligers in Europese krijsdienst Deel 4*, blz. 518-19.
12 Ministerie van Defensie, persoonlijke staat van dienst, Montijn, Jan.

Jan Folmer (Geboren op 04-05-1923 te Amsterdam)

Jan Folmer,
overgenomen uit:
J.Folmer *Waffenbruder*

Jan Folmer diende als jonge vrijwilliger in de *5. SS Panzer Division Wiking* aan het Oostfront. Een onderdeel dat speciaal was opgericht om Vrijwilligers uit Noordwest Europa op te nemen in de gelederen van de *Waffen-SS*. Daar maakte hij promotie en werd hij geselecteerd voor een officiersopleiding aan de *SS Junkerschule* in Bad Tolz. Vervolgens diende hij korte tijd in de *38. SS-Grenadier-Division Niebelungen.* Aan het einde van de oorlog wordt hij door de Amerikanen krijgsgevangen gemaakt, en keert hij terug naar Nederland.

Na terugkomst uit krijgsgevangenschap wordt Jan Folmer vervolgd door het Bijzonder Gerechtshof te Amsterdam. Op 25 maart 1947 wordt bewezen geacht dat Jan dienst heeft genomen bij een vreemde mogendheid "wetende dat deze met Nederland in oorlog is", en veroordeeld.[13] Na het uitbreken van de Korea oorlog melde hij zich als vrijwilliger voor het NDVN en volbracht twee aansluitende dienstperioden, van 9 maanden ieder, in Korea. Op 1 maart 1951 wordt Folmer "verbonden als

---

13 Centraal Archief Bijzondere Rechtspleging, Folmer, J, uitspraak Bijzonder Gerechtshof Amsterdam 8837.

vrijwilliger op voet van gewoon dienstplichtige" bij het NDVN en op 31 maart vertrekt hij met de *General McRae* naar Korea. [14]Zijn herinneringen werden opgetekend door hemzelf in het autobiografische *Waffenbrüder* dat verscheen in 2011. Al eerder, in 2006, werd zijn verhaal gepubliceerd door Peter Gerritse in diens biografische dubbelportret *De verzetsvrouw en de SS'er*. Daarnaast werd een interview met hem verwerkt in de documentaire film *De voorste linie*, van Paul Cohen uit 2006. In 2015 zocht ik hem samen met Gerrit Valk op in zijn toenmalige woning in Oostenrijk.

Relevante vermelding in staat van dienst: niet.

Jan Franken (01-09- 1928 te Haarlem)

Jan Franken raakte als zoon van een NSB'er na Dolle Dinsdag en een chaotische vlucht naar Duitsland als jonge knaap verzeild in de Waffen-SS. Op 6 september 1949 kwam hij als "Gewoon Dienstplichtige" in dienst bij de Koninklijke Landmacht. Als Jan Franken in 1949 wordt opgeroepen om zijn militaire dienstplicht te vervullen staat hij nog onder toezicht van de afdeling Jeugdzaken van de Stichting Toezicht Politieke Delinquenten. Het hoofd van deze afdeling te Rotterdam zoekt contact met de officier fiscaal van het Bijzonder Gerechtshof te Amsterdam over de kwestie "moet Franken ook in het geval van een uitzending naar Indië onder

---

14 Ministerie van Defensie, persoonlijke staat van dienst, Folmer, Jan.

toezicht blijven staan?".[15] Die uitzending naar Indië komt er niet.

Ruim een jaar later gaat Franken in opleiding bij het Korps Commando Troepen waar hij op 13 januari 1951 de groene baret krijgt uitgereikt. Na zijn dienstplicht wordt hij op 5 maart 1953 hij als vrijwilliger verbonden aan het NDVN naar Korea. Na een korte periode bij het KCT in Roosendaal vertrekt hij per vliegtuig naar Tokio met Korea al eindbestemming.[16] Nat terugkomst uit Korea gaat Jan Franken in december 1952 met groot verlof. In oktober 1953 treedt Jan Franken opnieuw in militaire dienst, ditmaal als vrijwilliger de Koninklijke Marine. Na ongeveer een jaar verlaat Jan de actieve dienst, en gaat hij over naar de Burger Bescherming.

Zijn herinneringen zijn opgetekend door Kees van der Linden en onder de titel *De bevrijding van een SS'er* gepubliceerd in het *Haarlems Dagblad*.

Relevante vermelding in staat van dienst: niet.

Jan Niessen (21-02-1927 te Heerlen)

Jan, kort voor Johanes, groeit op in het Zuiden van het Land. Afkomstig uit een pro-Duits gezin, was hij als kind lid van de Jeugdstorm en in april 1943 na de dood van zijn vader, melde hij zich als vrijwilliger voor de *Waf-*

---

15 Centraal Archief van de Bijzondere Rechtspleging (CABR 106038), A.J. Franken.

16 Ministerie van Defensie, persoonlijke staat van dienst, Franken, J.A.

Jan Niessen
overgenomen uit:
J.Bartels *Tropenjaren*

fen-SS. Daar diende bij het regiment *Generaal Seyffart* in de *SS-Freiwillige Panzergrenadiere Brigade Nederland* aan Oostfront en op de Balkan. Eind juli 1944 viel hij als krijgsgevangene in handen van de Russen, en na vele omzwervingen wordt hij op 26 mei 1946 geïnterneerd in kamp Vught. In oktober van dat jaar werd hij officieel veroordeeld voor het dienstnemen bij een vreemde mogendheid. Gezien zijn jeugdige leeftijd, veroordeeld tot één jaar gevangenisstraf. Terwijl zijn zaak nog loopt wordt hij opgeroepen en als dienstplichtig militair uitgezonden naar Nederlands Indië.[17]

Zijn herinneringen zijn opgetekend door Ger Verhips in het boek *Mannen die niet deugden* dat verscheen in 1998; kort daarna schreef Niessen zelf het autobiografische maar nooit gepubliceerde document *Jeugdsentiment en crisistijd*.

Relevante vermelding in staat van dienst: niet in bezit.

---

17 Centraal Archief van de Bijzondere Rechtspleging (88663), Johan Niessen.

Hugo Neijenhuis (01-11-1926 te Amsterdam / Portland Oregon USA 08-05-2014)

Hugo Nijenhuis: bron axishistory.net, gepubliceerd met toestemming van Nijenhuis zelf (onder pseudoniem HaeN)

Hugo, geboren en getogen in Amsterdam, zat als jongen in een problematische thuissituatie. Om daar tijdelijk aan te ontsnappen gaat hij, op advies van een bekende winkelier, een NSB'er, mee op een *Wehrsportkamp* van de *Hiterjugend* in Oostenrijk. Naar eigen zeggen had hij net zo lief bij de padvinders gezeten, maar dat mocht niet van zijn vader.[18] Daarom gaat hij naar het *Wehrsportkamp* en daar tekent hij, onder invloed van sterke drank en groepsdruk als vrijwilliger voor de *Waffen SS,* waar hij officieel op 31 maart 1944 is geregistreerd.[19]

Hugo diende niet als vrijwilliger aan het Oostfront, maar bleef dichter bij huis in de *.34 Freiwilligen SS Grenadier Division Landstorm Nederland.* Daar vervult hij onder andere de rol van motorordonnans en wordt hij ingezet bij gevechten op Nederlands grondgebied. Tijdens een politie verhoor op 10 oktober 1946 verklaart Hugo dat zijn onderdeel weliswaar was betrokken bij de gevechten rond Arnhem in september 1944, maar dat hij daar zelf vanwege een speciale opdracht niet aanwezig

---

18 Centraal Archief van de Bijzondere Rechtspleging (2.09.09), Hugo Nijenhuis, Procesverbaal 10 oktober 1946.

19 Centraal archief bijzondere Rechtspleging CABR 86482 (2.09.09), Nijenhuis, Hugo SS "Einstellungs tag" *SS Zahlbogen.*

was. In hetzelfde proces verbaal bevinden zich echter ook verschillende getuigenverklaringen die anders beweren.

Op 8 mei 1945 capituleert hij in de omgeving van Veenendaal. Op 14 juni 1947 wordt Hugo voorwaardelijk buiten vervolging gesteld en verliest daarbij voor de komende 10 jaar het recht om te mogen deelnemen aan verkiezingen en te dienen bij de gewapende macht. Op verzoek van zijn begeleider van de Stichting Toezicht Politieke Delinquenten worden deze beperkingen op 31 oktober 1950 ingetrokken.[20] Enige tijd later dient Hugo als dienstplichtig militair bij de Luchtafweer in de Koninklijke Landmacht. Hij wordt niet uitgezonden en brengt zijn hele dienstplichtige periode in Nederland door.

Al tijdens zijn internering in fort Erfprins begon Hugo met het vastleggen van zijn verhaal, in de vorm van een handgeschreven levensloop die is opgenomen in zijn CABR-dossier. Veel later nam Hugo, onder het pseudoniem HaEn actief deel op diverse web fora over de Tweede Wereldoorlog, zoals het forum *axishistory.com* en *feldgrau.net* en deed daar zijn verhaal. Ook werkte hij aan een autobiografisch verhaal onder de werktitel *Kameleon* helaas is dit om persoonlijke redenen nooit voltooid.[21]

Relevante vermelding in staat van dienst: niet in bezit.

---

20 Centraal Archief Bijzondere Rechtspraak, CABR 106102 (PF Amsterdam, dossiernummer T35212)
   Stichting Toezicht Politieke Delinquenten (2.09.42.01), STPD Amsterdam 95, dossier Nijenhuis, Hugo, 31 oktober 1950 Ministerieel besluit no. 2097, 2e afdeling B.B.R..
21 feldgrau.net/forum/viewtopic.
   php?f=28&t=33080&hilit=chameleon.

Willem Timmers (Zuid Groningen vermoedelijk 1925)

Willem was afkomstig uit een gezin getroffen door de crisis van de jaren dertig. Na de Duitse aanval sloot zijn vader zich aan bij de NSB en stuurde Willem als 16 jarige knaap naar een "verbroederingskamp" in Oostenrijk. Daar raakte hij gefascineerd door het Nationaal Socialisme. Bij terugkomst in Nederland werd Willem lid van de *Germaanse Landdienst* en als trok met verschillende andere jongeren naar Duitsland om te werken op een boerderij. Daar werd hij enthousiast gemaakt voor de *Waffen-SS* en het oostfront.

Na zijn landdienst tekende hij op zijn 17^e voor de *Waffen-SS* en kwam na een uitgebreide opleiding terecht bij het *Nederlands Legioen*. Het Legioen was op toen betrokken bij gevechten tegen partizanen op de Balkan. Later diende hij met het legioen, en de latere *Freiwilligen Grenadiere Brigade Nederland* aan het Oostfront. Hij vocht bij Leningrad en aan het Narva front en uiteindelijk in Koerland. Daar raakte hij gewond en werd geëvacueerd naar Paderborn in Duitsland. Na te zijn hersteld van zijn verwondingen gebruikt hij samen met een kameraad een marsbevel voor Koerland om te deserteren naar Nederland. Naar eigen zeggen om met de *Landstorm Nederland* mee te vechten tegen de oprukkende geallieerden.

De beide mannen worden echter gearresteerd door diezelfde *Landstorm* en enige dagen gevangen gezet. Uiteindelijk "gerehabiliteerd" en ingezet tijdens de gevechten rond de stad Groningen in de laatste dagen van de oorlog. Als krijgsgevangene wordt Willem via een omweg naar België uiteindelijk eerst in Den Helder en later in Hemrik geïnterneerd en veroordeeld.[22]

Eind jaren '60 deed Willem zijn verhaal aan Sytze van der Zee, die gedeelten ervan opnam in zijn boek *Voor Führer volk en vaderland*, dat eerder verscheen onder de titel *25.000 landverraders*. In dat boek vertelt Willem dat hij als vrijwilliger met het NDVN naar Korea is gezonden. Na Korea zou hij nog tot 1961 als instructeur bij de Koninklijke Landmacht hebben gediend.

Relevante vermelding in staat van dienst: niet in bezit.

Bastian Herber (Utrecht, 25-6-1928 / 12-12- 2020)

Bastiaan komt in beeld naar aanleiding van een artikel in *De Waarheid*, waarin de schrijver zich beklaagd over de aanwezigheid van SS'ers in het Korea-detachement waaronder een zekere Bastiaan Herbert.[23] Hoewel Bastiaan inderdaad inscheepte met het NDVN, was hij geen SS'er!

Bastiaan was wel afkomstig uit een pro-Duits milieu en werd als kind samen met zijn broer lid van de *Nationale Jeugdstorm*. Op 15 jarige leeftijd melde hij zich aan bij de *Technische Nothilfe*, een Duitse paramilitaire organisatie voor rampenbestrijding en het uitvoeren van noodherstel werkzaamheden.[24] Bij de *Technische Nothilfe* wordt Bastiaan

---

22 S. van der Zee, *Voor Führer, volk en vaderland. De SS in Nederland/25.000 Landverraders* (Amsterdam 1967).

23 *De Waarheid*, Hoeveel SS'ers gingen er met het Korea detachement mee?, 14-11-1950.

24 Centraal archief Bijzondere rechtspleging, CABR 97732, Her-

aanvankelijk ingezet voor het uitvoeren van werkzaamhe-den als puinruimen op verschillende locaties in Nederland. In juli 1944 werden 2 Nederlandse compagnieën, circa 180 man, van *TN* via Tsjechië en Polen naar het oosten gestuurd.

De *TN*'ers verrichten daar verschillende ondersteu-nende werkzaamheden zoals het bouwen van bunkers en mijnenvelden, maar raken ook betrokken bij vuurgevech-ten met Partizanen.[25] Ook Bastiaan ontving een militaire opleiding en werd naar het oosten gestuurd. Via Danzig komt hij terecht in het Koerland, waar hij naar eigen zeg-gen nog steeds vooral bezig is met technische zaken, zoals het aanleggen van loopgraven en bouwen van bunkers: "gevochten heb ik niet".[26]

Op 8 mei 1945 valt hij in handen van de Russen en begint een periode van krijgsgevangenschap en ellende. Uiteindelijk terug in Nederland wordt Bastiaan op 18-03-1947 veroordeeld voor zijn vreemde krijgsdienst. Na een rusteloze periode met gedachten over dienst in het Franse Vreemdelingen legioen, meld Bastiaan zich als vrijwilliger voor het NDVN. Op 26-10-1950 vertrekt hij met de *Zuiderkruis* naar Korea. Maar niet nadat Bataljonscom-mandant Overste den Ouden hem eerst persoonlijk heeft willen weigeren vanwege zijn verleden.[27]

---

bert, Bastiaan. Tecnische Nothlife-Einsatz abt. Niederlande Zahlbogen.

25 J. Vincx & V. Schotanius, *Nederlandse vrijwilligers in Europese Krijgsdienst 1940-1945. Deel 4: 5. SS-Pantserdivisie "Wiking" als-mede diverse militaire formaties* (1991), 649.

26 Centraal archief Bijzondere rechtspleging, CABR 97732, Her-bert, Bastiaan. Proces verbaal 16-01-1947.

27 Doorn, van B, *Bastiaan Herbert* (2016).

Historicus Bernie van Doorn schetste onder meer op basis van gesprekken met Bastiaan een levendig portret van diens stormachtige levensloop.

Relevante vermelding in staat van dienst: niet in bezit.

Theodorus Smakman. Bron: afkomstig van website oorlogsgraven-stichting

Theodorus Smakman (geboren op 26-03-1926 te Amsterdam / 02-08-1949 Tebbin Tinggi Indonesië)

Theo Smakman van beroep elektromonteur, wordt op 5 november 1946 als dienstplichtige ingelijfd bij de 2e geneeskundige afdeling.[28] Op 9 juli 1947 vertrekt hij naar Nederlands-Indië, waar hij op 2 augustus 1949 als korporaal sneuvelt. Op 2 september 1947 wordt Theo opgeroepen om te verschijnen voor de politieke recherche afdeling Haarlem om zich te verantwoorden over zijn handelen tijdens de Duitse bezetting. Op dat moment is hij al lang en breed als militair onder de wapenen in Indië.

Waarvan Theo precies werd verdacht door de Politieke Recherche blijft onduidelijk, maar vreemde krijgsdienst licht voor de hand. Wat in ieder geval vaststaat is dat Theo in het voorjaar van 1944 één maand heeft doorgebracht in een *Wehrsport Lager* te Seeblick in Oostenrijk.[29]

---

28 Ministerie van Defensie, Persoonlijke staat van dienst, Smakman, Theodorus.
29 Centraal Archief Bijzondere Rechtspleging, 92708, S, Theo-

Deze kampen werden veelvuldig gebruikt om jongeren te werven voor de *Waffen-SS*, dus dat geeft te denken.

Relevante vermelding in staat van dienst: niet.

Diederick de Jong (Geboren op 02-04-1922 te Den Helder / Overleden op 26-06-2015 te Den Helder)

Diederik, afkomistig uit de marinestad bij uitstek, tekende op 6 maart 1944 als vrijwilliger voor de *Kriegsmarine*.[30] Gevraagd naar zijn motivatie verklaarde hij later dat hij "om te ontsnappen uit een betrekking als vrijwillige arbeidskracht in Duitsland een blanco Formulier had ondertekend".[31] Later zou dit formulier zijn omgetoverd tot een aanmeldingsformulier voor de *Kriegsmarine*. Zijn zuster zou als getuige echter verklaren dat Diederick "was doordrongen van nazi idealen en onder invloed van zijn Duitse werkgever had getekend voor de *Kriegsmarine*". Ze zou hem zelfs nog een onderduik adres hebben aangeboden, hetgeen door Diederick werd geweigerd uit angst voor vervolging.

Op 12 juni 1947 wordt Diederick de Jong door het bijzonder gerechtshof veroordeeld tot 4 jaar gevangenisstraf en ontzet uit diverse burgerrechten. Opvallend is hierin dat "het recht om te dienen bij de gewapende macht" in de opsomming van rechten waaruit Diederick

---

dorus.

30 Centraal Archief Bijzondere Rechtspleging, 62597, De Jong, Diederik, *Zahlbogen Marine-annahmestelle West*.

31 Centraal Archief Bijzondere Rechtspleging, De Jong, Diederik, proces-verbaal 27 mei 1946.

is ontzet op zijn veroordeling is doorgehaald. Op 6 april 1951 "Verbonden als vrijwilliger op voet van gewoon dienstplichtige bij het NDVN".[32]

Relevante vermelding in staat van dienst: niet.

Martinus Gijsbertus Beijerinck (geboren op 30-03-1926/ 14-07-1953 Korea)

Martinus diende tijdens de Tweede Wereldoorlog bij de *34. SS Freiwilligen Grenadiere Division Landstorm Nederland.*[33] Tijdens de gevechten op Nederlands grondgebied tegen de oprukkende geallieerden, wordt hij onderscheiden met het IJzeren Kruis tweede klasse voor getoonde moed op het slagveld. Na de capitulatie van zijn eenheid volgt een periode van krijgsgevangenschap en vervolging. In april 1947 wordt Martinus formeel buiten vervolging gesteld.

Op 1 juni 1948 is Martinus buiten zijn tegenwoordigheid als buitengewoon dienstplichtige van de lichting 1946 ingelijfd bij de Landmacht. Eén dag later wordt hij ontslagen, vanwege een ontzetting uit het recht om te dienen bij de gewapende macht. Die ontzetting wordt later weer ingetrokken.

In dit geval is het erg opvallend dat Martinus Beijerinck 2 jaar te laat wordt opgeroepen, lichting 1946 ingelijfd in 1948 en alsnog de volgende dag ontslagen. Op 14 juli 1952 wordt hij op voet van gewoon dienstplichtige aangenomen bij het NDVN waarna hij op 3 januari 1953

---

32 Ministerie van Defensie, persoonlijke staat van dienst, De Jong, Diederick.

33 Valk, *Vechten voor Vijand en Vaderland*, 67.

vertrok naar Korea. Daar sneuvelde hij op 26 juli 1953 bij een overval in de omgeving van heuvel 340.

Relevante vermelding in staat van dienst: "Ontslagen op grond van art. 44, 1ᵉ lid, punt E van de dienstplichtwet miv. 2-6-'48", met als toevoeging in hetzelfde handschrift zonder datum "ontzetting ingetrokken"[34]

Johan Mulder (geboren op 5-5-1918 / gesneuveld op 12-2-1951 te Hoensong Korea).

Johan Mulder valt qua leeftijd enigszins uit de toon. In tegenstelling tot het overgrote merendeel van de onderzochte personen heeft Johan al voor het uitbreken van de Tweede Wereldoorlog zijn militaire dienstplicht in Nederland vervuld. In November 1937 wordt Johan ingelijfd als gewoon dienstplichtige van de lichting 1938 bij het regiment motorartillerie. In oktober 1938 wordt hij ontslagen wegens gebreken.[35]

In die betrekkelijk korte periode brengt Johan om verschillende zaken, variërend van brutaliteit, onbehoorlijk gedrag, 'een vlek op de jas bij appèl', en een ongemotiveerde houding totaal 52 dagen in zwaar of licht arrest door.[36] Uit de uitgebreide straflijst waarop Johans vergrijpen staan beschreven ontstaat het beeld van een rebelse

---

34 Ministerie van Defensie, Persoonlijke staat van dienst, Beijericnk, Martinus.

35 Ministerie van Defensie, persoonlijke staat van dienst, Mulder, Johan.

36 Ministerie van Defensie, persoonlijke staat van dienst, Mulder, Johan, straflijst.

jongeman die alles behalve gemotiveerd is om zijn dienstplicht te vervullen.

Tijdens een verhoor door de politieke recherche afdeling
Den Haag op 22 juni 1946 ontkent Johan "ooit lid te zijn
geweest van welke Nazi organisatie dan ook". Wel is hij naar
eigen zeggen via de *Arbeitseinsatz* terecht gekomen in het
Legioen Speer en als dwangarbeider in de Balkan tewerk
gesteld. Daar zou hij zijn ontsnapt naar Servië, waar hij een
soort contactpersoon zou zijn geweest tussen de Duitsers en
de partizanen. In januari 1944 is hij teruggekeerd naar
Nederland, opgepakt door de *Landwacht* en op transport
gesteld naar Berlijn. Tijdens het transport ontsnapt Johan en
wijkt hij opnieuw uit naar de Partizanen in Servië tot januari 1945. Vervolgens treedt hij in geallieerde dienst om te helpen bij de bevrijding van Nederland. Daar wordt hij opgepakt door de *Binnenlandse Strijdkrachten*. Na 4 dagen arrest
wordt Johan vrijgelaten en meld hij zichzelf aan bij het
KNIL. Half oktober 1945 wordt hij opnieuw geïnterneerd.[37]

Het beeld wat Mulder zelf schetst is een spannend relaas
dat niet onderdoet voor het plot van een goede actiefilm,
maar wellicht niet helemaal in overeenstemming met de
werkelijkheid. In hetzelfde proces-verbaal bevinden zich
verschillende getuigenverklaringen die anders beweren.
Zo verklaarde getuige Jacob Frederik op 18 juli 1947 dat
Johan in 1940 voor 1,5 maand in München zou zijn
geweest voor een opleiding bij de *Waffen-SS*, en dat hij op

---

37 Centraal Archief bijzondere Rechtspleging, CABR 36646, Mulder, Johan, verhoor Politieke Recherche afd. Den Haag, 22-06-
   1946.

20 februari in dienst zou zijn getreden bij het *NSKK*. Weer andere getuigen verklaren Johan in de zomer van '42 en '43 in Duits uniform te hebben gezien en spreken over brieven uit Rusland waarin Johan zichzelf *SS-Sturm-man* noemt. Bovendien is er een getuige die verklaart Johan voor de Duitse inval regelmatig in "het bruine uniform van de NSNAP" te hebben gezien.

Tijdens een volgend verhoor op 15 juli 1947 verklaart Johan "Ik erken dat ik aangegeven heb in dienst van de *SS Standarte Westland* en chauffeur bij het NSSK te zijn geweest. Die gegevens zijn echter niet in overeenstemming met de waarheid. Ik blijf echter pertinent ontkennen ooit lid bij de SS of het NSKK te zijn geweest". Bovendien is het volgens Johan onmogelijk dat hij in de zomer van '42 of '43 in Duits uniform is gezien, toen zat hij immers op de Balkan. Tegenstrijdige geluiden, maar de verklaringen van de getuigen worden ondersteund door een *Lohnstammkarte* van het *Reichs Kommisariat* op naam van Johan Mulder, functie omschrijving Chauffeur met ingangsdatum 2 september 1941. Dit document bewijst in ieder geval dat Johans verhaal rammelt en hij weldegelijk heeft gewerkt voor de Duitsers.

Het Bijzonder Gerechtshof acht desondanks niet bewezen dat Johan in Duitse krijgsdienst is geweest, maar veroordeelt hem wel vanwege zijn werkzaamheden voor het *Reichs Kommisariat* en ontzegt hem het recht om te mogen dienen bij de gewapende macht.[38] Desondanks

---

38 G. Valk, *Vechten voor Vijand en Vaderland. SS'ers in Nederlands-Indië en Korea* (2017), 51.

meld hij zich in september 1950 als vrijwilliger bij het NDVN en op 26 oktober 1950 vertrekt Johan Mulder met de *Zuiderkruis* naar Korea.[39] Daar sneuvelt hij tijdens de Chinese aanval op het NDVN in Hoensong.

Relevante vermelding in staat van dienst: niet.

Rudolf George Doon (12-09-1925 te Gombong Nederlands-Indië / 14-02-2008)

Rudolf besluit op 16 jarige leeftijd, uit een hang naar avontuur om als verstekeling mee te reizen met de trein die Nederlandse SS rekruten naar de opleidingskazerne in Sennhcim in de Elzas brengt. Daar aangekomen wordt hij opgenomen in de opleiding. Desondanks voltooid hij de vervolgopleiding in het Oostenrijkse Graz niet, en keert terug naar Nederland.

In mei 1946 werd Rudolf opgeroepen als Gewoon Dienstplichtige en naar Nederlands-Indië gestuurd.[40] Na zijn thuiskomst in 1950 werd hij alsnog verhoord door de politieke recherche, maar uiteindelijk nooit voor zijn kortstondige dienstverband bij de *Waffen-SS* veroordeeld.[41]

Relevante vermelding in staat van dienst: niet.

---

39 Ministerie van Defensie, persoonlijke staat van dienst, Mulder, Johan.
40 Ministerie van Defensie, persoonlijke staat van dienst, Doon, Rudolf.
41 Valk, *Vechten voor Vijand en Vaderland*, 41,71.

Jan Enninga (Geboren op 03-03-1928 te Kerkrade/ Overleden 04-04-2002 te Heerlen)

De Limburger Jan Enninga diende tijdens de Tweede Wereldoorlog in de *Waffen-SS* bij de *34. SS Freiwilligen Grenadiere Division Landstorm Nederland.* Naar eigen zeggen tekende hij onder invloed van propaganda, uit avonturisme en om te ontsnappen aan de situatie thuis. Op 16 september 1946 wordt hij veroordeeld door het Bijzondere Gerechtshof, en komt hij onder toezicht van de STPD. In het kader van zijn veroordeling wordt hij tewerk gesteld in de staatsmijnen. Dat bevalt hem niet, en van daar uit vlucht hij naar eigen zeggen in december 1949 naar Frankrijk om dienst te nemen in het Franse Vreemdelingenlegioen. Eenmaal aangekomen in Marseille komt hij terug op dat besluit en keert hij terug naar Nederland.[42]

Op 12 juli 1951 vertrekt Jan Enninga, terwijl hij formeel tot september dat jaar onder toezicht van de STPD is geplaatst, voor zijn eerste tour van één jaar naar Korea. Op 16 oktober 1952 wordt Jan eervol ontslagen van zijn verbintenis op voet van gewoon dienstplichtige bij het NDVN. Om zich op 26 november, ruim één maand later, opnieuw als vrijwilliger in te lijven bij het NDVN. Tijdens deze tweede tour wordt hij bevordert tot korporaal. Pas in september 1954 keert Jan terug naar Nederland en in december van dat jaar neemt hij afscheid van de Koninklijke Landmacht.[43]

---

42 Centraal Archief Bijzondere Rechtspleging, CABR 94984.
43 Ministerie van Defensie, persoonlijke staat van dienst, Enninga, Jan.

Daarna zal Jan Enninga naar eigen zeggen alsnog dienstnemen in het Franse Vreemdelingenlegioen en vechten in Tunesië en Algarije.[44]

Relevante vermelding in staat van dienst: "ontzet voor 10 jaar mig 7-1946"

Jan Willem Moolenbel (Geboren op 25-09-1927 te 's Graven Hage)

Jan Willem Moolenbel trad op 16 januari 1945 in Duitse dienst. Naar eigen zeggen melde hij zich gedreven door de ellende van de hongerwinter als vrijwilliger voor de *Luftwaffe.*[45] Hij werd naar de Oostenrijkse grens gestuurd voor een opleiding, alwaar hij besloot om te deserteren en terug te keren naar Nederland.

Op 28 januari 1947 komt Jan Willem als dienstplichtige onder de wapenen en wordt naar Indië gestuurd tot maart 1950. Terwijl Jan Willem zich daar bevind wordt in Nederland een zaak tegen hem opgestart door het bijzonder gerechtshof dat informeert naar zijn "gedrag en wijze van dienen" aldaar. Na thuiskomst in Nederland wordt Jan Willem op 14 april 1950 gehoord door de politieke Recherche.

Relevante vermelding in staat van dienst: niet in bezit

---

44 T. Gerritse, *AD*, 'De helden van de 38ste breedtegraad', 29-10-1988.
45 Centraal Archief Bijzondere Rechtspraak, CABR 74254 (PARKET Den Haag, dossiernummer 192), Moolenbel, Jan Willem, 14 april 1950 en *Zahlbogen fur AU der hohere SS-und polizei Fuhrer "Nordwest" nr 290 einstellungstag 16-1-1945.*

Constant Magnee,
bron: staat van dienst

Constant Robert Magnee
(Geboren op 15-10-1919 te 's Grave Hage / Overleden op 23/08/1995 te Arnhem)

Constant Robert Magnee komt op 11 april 1939 als dienstplichtige onder de wapenen bij het regiment Grenadiers.[46] Na de Nederlandse capitulatie op 15 mei 1940 wordt hij als krijgsgevangene afgevoerd naar het krijgsgevangenen kamp Neubrandenburg in Duitsland. Op 1 oktober 1946 komt Robert Magnee opnieuw onder de wapenen als korporaal en in november van dat jaar wordt hij naar Indië verscheept.

In Indië wordt Robert eerst bevordert tot sergeant en uiteindelijk tot sergeant majoor. Terwijl Robert in Indië verblijft verzoekt de Politieke Recherche de Minister van Oorlog om Robert terug te sturen naar Nederland. Dit in verband met een lopend onderzoek naar een lidmaatschap van de NSB en een dienstverband bij het NSKK.[47]

Relevante vermelding in staat van dienst: niet.

---

46 Ministerie van Defenise, persoonlijke staat van dienst, Magnee, Constant Robert
47 Centraal Archief Bijzondere Rechtspraak, CABR 104399 (PRA Den Haag, dossiernummer 5969/IA/47), Magnee, Constant Robert, verzoek 11-10-1947.

Willem Hendrik Zinkstok
(Geboren op 05-06-1927 te Amsterdam / Overleden 29-06-2005 Amsterdam)

Willem was tijdens de Tweede Wereldoorlog bij de *Hitlerjugend* en meldde zich eind 1944 in Dusseldorf als vrijwilliger voor de *Waffen-SS*.[48] Over zijn tijd bij de Waffen-SS is niets bekend, en in het CABR archief komt zijn naam niet voor. Willem Hendrik Zinkstok komt wel naar voren in het Rode Kruis-archief, waar hij op 24 februari 1945 in Lubbecke als *Hilfsarbeiter* staat geregistreerd.[49]

Willem Hendrik Zinkstok, bron: staat van dienst

Maar op 16 oktober 1945 melde hij zich als oorlogsvrijwilliger en vertrok eind april 1946 naar Indië. In november 1949 kwam hij terug in Nederland, in oktober 1950 meldde hij zich opnieuw als oorlogsvrijwilliger ditmaal voor het NDVN, diende drie rotaties in Korea en tekende vervolgens bij om als beroepsmilitair in dienst te blijven.[50]

Relevante vermelding in staat van dienst: niet.

---

48 Persoonlijke correspondentie C. Kleijn in 2014.
49 Archief Nederlandse Rode Kruis, Persoonsdossiers, persoonskaart op naam, Z, Willem.Hendrik.
50 Ministerie van Defensie, persoonlijke staat van dienst, Zinkstok, Willem Hendrik.

Gerardus Nagel (geboren op 21-09-1919 te Amsterdam / Gesneuveld op 10-10-1951 in Korea)

Gerard werd in december 1939 opgeroepen als gewoon dienstplichtige van de lichting 1939 uit de gemeente 's Graven Hage bij het 2ᵉ regiment veld artillerie.[51] Op 14 juli 1940 gaat Gerard met groot verlof, omdat de Duitse bezetter de Koninklijke Landmacht ontbind. Tijdens de Tweede Wereldoorlog dient Gerard bij de *Waffen-SS*, in *11. SS-Freiwilligen-Panzergrenadier-Division Nordland*.[52] Na te zijn veroordeeld wegens militaire collaboratie, gaat Gerard in 1948 voor pioniersdienst naar Nieuw-Guinea als alternatieve vorm van bestraffing.[53] In 1951 tekent hij als vrijwilliger bij het NDVN en vertrekt hij naar in Korea waar hij sneuvelde op 10 oktober 1951.

Relevante vermelding in staat van dienst: "Met toepassing van het besluit politieke delinquenten 1945 voor de tijd van tien jaren ontzet uit het recht bij de gewapende macht te dienen-11/09/1947"

Chris Horstman (Geboren op 20-01-1924 te Rotterdam/ Overleden op 06-04-1985 te Enschede)

Chris Horstman groeit op in een verdeeld gezin. Zijn vader staat vijandig tegenover de Duitse bezetting, terwijl zijn moeder lid is van de NSB. Zijn oudere broer Gerrit gaat

---

51 Ministerie van Defensie, persoonlijke staat van dienst, Nagel, Gerardus.
52 C.Kleijn, 2014.
53 Valk, *Vechten voor Vijand en Vaderland*, 80.

naar de *Waffen-SS* en sneuvelt bij Narva.[54] In April 1942 laat Chris zich vrijwillig inlijven bij de *Nederlandse Arbeidsdienst* om in Duitsland te gaan werken. Dat bevalt hem niet, daarom vraag hij overplaatsing aan om te gaan werken in het bezette Rusland. Overplaatsing wordt geweigerd.

Omdat Chris toch weg wil uit de Duitse fabrieken besluit hij vrijwillig te tekenen voor de *Kriegsmarine*.[55] Na een opleiding in Noorwegen gaat Chris Horstman aan de slag op een mijnenveger. In November 1944 wordt hij overgeplaatst naar Koningsbergen in Oost-Pruisen. Daar wordt hij als infanterist ingezet om de stad tegen de Russen te verdedigen en uiteindelijk krijgsgevangen genomen. Vervolgens wordt Chris als gevangene afgevoerd naar Rusland en in 1946 in Danzig tewerk gesteld. Daar weet hij te ontsnappen en uiteindelijk lukt het hem om via Berlijn terug te keren naar Nederland.[56]

Terug gekomen in Nederland wordt Chris door de Bijzondere Rechtspleging vervolgd en op 14 november 1947 veroordeeld voor dienstnemen bij een vijandelijke mogendheid. In Maart 1948 wordt hij "ontslagen uit internering ten gevolge van vrijwillige aanmelding voor tewerkstelling in Nieuw Guinea of elders in Nederlands-Indië voor de tijd van 2 jaren". Op 18-07-1952 wordt Chris "verbonden als vrijwilliger op voet van gewoon dienstplichtige Bij het NDVN".[57]

---

54 Gesprek met Hans Horstman (broer van) 28/02/2021
55 Centraal Archief Bijzondere Rechtspraak, 89154, Horstman Chris *Marine Annahmestelle West*, H 681, *Zahlbogen* fur angehorigen, einstellungstag 20-11-1943.
56 Centraal Archief Bijzondere Rechtspraak, 89154, Horstman Chris, proces verbaal 12-06-1947.
57 Ministerie van Defensie, Persoonlijke staat van dienst, Horst-

Tijdens de dienst in Korea raakt Chris op 21-3-1953 verwond aan zijn hand, en ontvangt daarvoor een levenslang invalidenpensioen van de Koninklijke Landmacht.

Relevante vermelding in staat van dienst: niet.

Johannes 't Hoen (Geboren op 13-04-1928 te Rotterdam/ Overleden op 15-03-1988 te Rotterdam)

Johannes nam dienst bij de *Luftwaffe* tijdens de Hongerwinter, "om voor extra eten voor zijn ouders te zorgen" zo verklaarde hij later. Bij de *Luftwaffe* werd hij als minderjarige opgeleid tot *Flak Helfer*. Eenmaal in dienst werd hij ziek en naar een lazaret overgebracht. Nog in dit hospitaal werd hij door de Engelsen krijgsgevangen gemaakt.

Op 31 december 1946 wordt Johannes voorwaardelijk buiten vervolging gesteld door het bijzondere gerechtshof en daarbij onder andere ontzet uit het recht om te dienen bij de gewapende macht, en wordt zijn actief- en passief kiesrecht ontnomen voor de duur van 10 jaar.[58] Nog in de laatste dagen van zijn internering, op 4 januari 1947, doet Johan een verzoek om zich te mogen rehabiliteren door als vrijwilliger naar Indië te gaan. Dat verzoek wordt in behandeling genomen en uiteindelijk afgewezen door de minister van oorlog. [59]

---

man, Chris.

58 Centraal Archief Bijzondere Rechtspraak, 92439 en 105859, Hoen, 't, Johannes.

59 Valk, 27.

Op 15 juli 1949 verzoekt Johannes om "intrekking van mijn beslissing betreffende voorwaardelijke buiten vervolging stelling. Ik wil graag in militaire dienst". Een paar dagen later besluit de procereur-fiscaal J.B. Drewes van het Bijzondere Gerechtshof te Amsterdam om Johannes buiten vervolging te plaatsen. Daarna komt Johannes op 7 september 1949 als gewoon dienstplichtige in dienst bij het 3e Regiment Veld Artillerie van de Koninklijke Land-

macht.[60]

Relevante vermelding in staat van dienst: niet.

Andreas Orval (Geboren op 06-06-1927 in Tegelen / Gesneuveld op 27-02-1949 te Wonogiri Indonesië)

Andreas Orval,
Bron; staat van dienst
en bidprentje

De Limburger Andreas Orval was afkomstig uit een pro-Duits gezin, en als jongen lid van de Nationale Jeugdstorm hoewel hij daar zijn lidmaatschap in 1942 opzegde. Begin 1943 zou hij zich schuldig hebben gemaakt aan diefstal, en om aan vervolging te ontsnappen neemt hij onder druk van zijn moeder als minderjarige dienst bij de *Waffen-SS*. SS *Zahlbogen 16944* noemt 31 mei 1943 als datum waarop hij in dienst getreden is.

---

60 Ministerie van Defensie, persoonlijke staat van dienst, Hoen, 't, Johannes.

30. Verdere aanteekeningen:/ *[handwritten]*

20 *[handwritten]* 19*[..]* uit Nederland vertrokken.
4 *[handwritten]* 19*[..]* de keuringen gepasseerd
5 *[handwritten]* 19*[..]* in Indië aangekomen
[handwritten: 27 Febr. 1949 gesneuveld bij Batoeretno. Wonogiri]

Tijdens een verhoor, opgenomen in proces verbaal, op 24 mei 1945 verklaart Andreas na in dienst getreden te zijn eerst circa 5 maanden in dienst te hebben gedaan in Amersfoort en later als kampbewaker in Vught. In januari 1944 werd hij naar Rusland gestuurd, onderweg is Andreas ziek geworden en bleef hij 3 maanden in Polen om te herstellen. In Augustus 1944 wordt Andreas ingelijfd bij *SS-Freiwilligen-Panzergrenadier Brigade Nederland*. Met deze eenheid wordt hij ingezet tijdens de slag om Narva. Na één maand frontdienst deserteert Andreas naar eigen zeggen en via Reval en Danzig naar vlucht hij naar het westen. Tijdens allerhande omzwervingen door Duitsland wordt hij nog gearresteerd door de SA en tewerkgesteld op een boerderij in Swalmen. Eind april 1945 keert Andreas terug in het Limburgse Tegelen.[61] Deze desertie wordt ondersteund door een beëindiging van zijn dienstverband bij de Waffen-SS wegens *Fahnenflucht* op 30 september 1944.

---

61 Centraal Archief Bijzondere Rechtspleging, 95913, Orval, Andreas, procesverbaal 24-05-1945 en *SS-Zahlbogen*.

Op 17 juni 1946 wordt Andreas door het Bijzonder Gerechtshof veroordeelt tot "één jaar gevangenisstraf met, met een proeftijd van drie jaren onder toezicht der Stichting Politieke Delinquenten Afdeling Zuid-Limburg alsmede ontzegging van het kiesrecht voor den tijd van tien jaren". Opmerkelijk is het ontbreken van bepalingen omtrent dienen bij de gewapende macht.

Op 5 juli 1947 werd Andreas Orval als Gewoon Dienstplichtige van de lichting 1947 ingelijfd bij het 6ᵉ Regiment Infanterie, opgeleid en uitgezonden naar Indië.[62] Nabij Wonigeri raakt Andreas tijdens een hinderlaag dodelijk gewond aan zijn hoofd.[63] Hij staat dan nog onder toezicht van de STPD die zijn sneuvelen doorgeeft aan de bijzondere strafkamer te Den Bosch.[64]

Relevante vermelding in staat van dienst: "Heeft bij SS gediend. Ned. Nat. Niet ontnomen wegens minderjarigheid"[65]

Johannes Laurentius Scheerman (Geboren op 05-7-1926 te Heemstede / overleden op 12-10-2006 te Zaanstad)

---

62 Ministerie van Defensie, persoonlijke staat van dienst, Orval Andreas.

63 Ministerie van Defensie, persoonlijke staat van dienst, Orval, Andreas.

64 Centraal Archief Bijzondere Rechtspleging, 71845, Orval, Andreas.

65 Ministerie van Defensie, persoonlijke staat van dienst, Orval, Andreas.

Johannes Scheerman opgegroeid in een pro-NSB gezin, meldde zich als 16 jarige samen met een vriend in januari 1943 voor het *Vrijwilligers Legioen Nederland* (VLN) om te vechten aan het oostfront. Na zijn opkomen in Sennheim zou hij naar eigen zeggen hebben geprotesteerd tegen de indeling bij de *Waffen-SS* waar het VLN in was ondergebracht. Van meet af aan had hij, naar eigen zeggen, spijt van zijn keuze. Na zijn opleiding diende Johan met de *SS-Freiwilligen-Panzergrenadier brigade "Nederland"*, onder andere in de functie van motorordonnans. Eerst bij het bestrijden van partizanen op de Balkan en later aan het oostfront. In de laatste dagen voor de Duitse capitulatie nam hij deel aan de uitbraak van *Kampfgruppe "de Ruyter"* en gaf zich over aan de Amerikanen in Tsjechië.[66]

Na een periode van krijgsgevangenschap kwam Johannes terug naar Nederland. In November 1946 wordt Johannes opgeroepen voor zijn dienstplicht, en als dienstplichtig soldaat bij het 1ste regiment pioniers uitgezonden naar Indië.[67] Terwijl hij in Indië zit komt Johannes op de radar van de politieke recherche afdeling Den Haag. Deze verzoekt om zijn terugzending naar Nederland. Dat gebeurt niet en Johannes blijft tot 17 maart 1950 als dienstplichtig militair in Indonesië. Bij terugkomst in Nederland wordt bijna direct een proces-verbaal opgemaakt in de zaak Scheerman. In oktober 1953 tekent Johannes bij voor 7 jaar als vrijwilliger bij de Landmacht.

---

66 Centraal Archief Bijzondere Rechtspleging, 74596, Scheerman, Johannes, proces verbaal en *SS-Zahlbogen*.
67 Ministerie van Defensie, persoonlijke staat van dienst, Scheerman, Johannes.

Relevante vermelding in staat van dienst: niet.

Hermanus van Geylswijk (Geboren op 02-08-1926 te Amsterdam / Overleden op 24-04-2014)

De Amsterdammer Herman van Geylswijk groeide op in een groot gezin, met 13 broers en zussen. Toen de spanningen in het gezin opliepen en zijn ouders zouden gaan scheiden besloot de toen 16 jarige Herman de thuissituatie te ontvluchten door dienst te nemen bij de *Kriegsmarine* in december 1943. Hij wilde zo voorkomen in een opvang of pleeggezin geplaatst te worden.[68] Na een opleiding in Ludwigshaven kwam Herman op een mijnenveger terecht, op dat schip nam hij deel aan patrouilles langs de Noorse Kust. Eind 1944 werd hij ingezet om op het Deense eiland Bornholm loopgraven aan te leggen. Vervolgens werd hij geplaatst in Hamburg waar hij tijdens een verlof besloot te deserteren.

Na een periode van omzwervingen door Duitsland wordt hij uitgerekend bij Graz opgepakt. In de directe nabijheid van het *Ersatzbataljon* van de *SS-Freiwilligen-Panzergrenadier Brigade "Nederland"* wordt hij als Nederlander, naar eigen zeggen, onder druk gezet om zich aan te sluiten bij de *Waffen-SS* of anders als deserteur te worden opgehangen. Herman weigert over te gaan naar de *Waffen-SS*. Uiteindelijk komt hij als gevangene in handen van de Russen en wordt terug gestuurd naar Nederland.

---

68 Centraal Archief Bijzondere Rechtspraak, 10746, Geylswijk, van, Hermanus, proces verbaal 21 september 1947 en 24 april 1950.

Al in september 1945 meldt hij zich als Oorlogsvrijwilliger voor het herstel van "orde en recht" in Indië omdat "ik aldus mijn gedragingen tijdens de bezetting heb willen goedmaken en zodoende alsnog te tonen dat ik 'n goed Nederlander wil zijn".[69]

Terwijl Herman in Indië zit wordt door de politieke recherche een onderzoek naar hem gestart, en wordt ook zijn militaire commandant hiervan op de hoogte gesteld. Deze stelt naar aanleiding van dit bericht een huishoudelijk onderzoek naar het oorlogsverleden van Herman in en deze concludeert dat "Betrokkene heeft laten zien een goed soldaat te zijn, zou wat mij betreft clementie moeten krijgen". [70]

Eenmaal terug in Nederland wordt Herman op 2 april 1950 "ontheven van zijn verbintenis als oorlogsvrijwilliger bij het regiment Jagers" en "ingelijfd als gewoon dienstplichtige van de lichting 1946 uit de gemeente Amsterdam". Drie jaar later gaat hij over "als vrijwilliger bij het reservepersoneel der koninklijke Landmacht voor de duur van TWEE jaren met bijzondere bestemming voor de dienst op Nieuw Guinea". [71]

Relevante vermelding in staat van dienst: niet.

---

69 Centraal Archief Bijzondere Rechtspraak, 10746, Geylswijk, van, Hermanus, proces verbaal huishoudelijk onderzoek 25 februari 1948

70 Centraal Archief Bijzondere Rechtspraak, 10746, Geylswijk, van, Hermanus, rapport "gedrag soldaat van Geylswijk" 7 februari 1950.

71 Ministerie van Defensie, persoonlijke staat van dienst, Geylswijk, van, Hermanus.

Derk Tonnis (Geboren op 19-03-1925 te Odoorn / Overleden op 25-11-2014 in De Marne)

Derk Tonnis,
bron: staat van dienst

De Drent Derk Tonnis wordt op 10 februari 1947 door de Officier Fiscaal van het bijzondere gerechtshof te Assen onvoorwaardelijk buiten vervolging gesteld.[72] Daarvoor werd hij verdacht lid te zijn geweest van de SS. In een proces verbaal van 15 juni 1945 doet Derk zijn verhaal uit de doeken. Hij was in 1944 als dwangarbeider in Duitsland tewerkgesteld. In december van dat jaar laat hij zich ronselen voor de *Waffen-SS*, met de intentie om tijdens een verlof te deserteren.[73] Hij slaagt in deze opzet en brengt de laatste maanden van de oorlog door als onderduiker.

In afwachting van de uitspraak in zijn zaak wordt Derk opgeroepen om zijn dienstplicht te vervullen. Hierover vind contact plaats tussen de burgemeester van de Gemeente Odoorn waar Derk woont en onder huisarrest staat in verband met het lopende onderzoek.[74] Desondanks wordt hij op 5 november 1946 in persoon ingelijfd als gewoon dienstplichtige bij het 4e Regiment infanterie,

---

72 Centraal Archief Bijzondere Rechtspraak, 109076, Tonnis, Derk.
73 Centraal Archief Bijzondere Rechtspraak, 87493, Tonnis, Derk, proces verbaal 15 juni 1945.
74 Centraal Archief Bijzondere Rechtspraak, 109076, Tonnis, Derk.

en op 23 mei 1947 ingescheept met als bestemming Nederlands-Indië.[75]

Met ingang van 1 juni 1949 wordt hij vervolgens "te Batavia verbonden als kort dienstverband militair voor drie jaren bij het KNIL als soldaat 2^e klasse bij het wapen der infanterie". Om na de soevereiniteitsoverdracht opnieuw over te gaan naar de Koninklijke Landmacht bij het Garde regiment Prinses Irene[76]

Relevante vermelding in staat van dienst: niet.

Frederik ter Horst (Geboren op 09-02-1928 te Amsterdam / Overleden op 06-06-2003 in Miskowice Polen)

De Amsterdammer Freek, of Freek, ter Horst werd naar eigen zeggen op 10 februari 1944 door de Duitsers opgepakt tijdens een Razzia in Amsterdam en tewerk gesteld. Iets later meldt hij zich als vrijwilliger voor de *Luftwaffe* en besluit tijdens een transport naar Duitsland in de omgeving van Enschede te deserteren. Tijdens zijn desertie wordt hij opgepakt en overgedragen aan de *Feldgendarmerie* in Bentheim. Daar wordt Freek onder dwang geronseld voor de *Waffen-SS* en met de nodige vertraging naar Graz gestuurd voor een opleiding. In Graz loopt Freek dysenterie op en wordt hij in een lazaret opgenomen, zonder ooit daadwerkelijk te zijn opgeleid als mili-

---

75 Ministerie van Defensie, persoonlijke staat van dienst, Tonnis, Derk.
76 Ministerie van Defensie, persoonlijke staat van dienst, Tonnis, Derk.

tair bij de *Waffen-SS*.[77] Bij terugkomst in Nederland wordt een zaak tegen hem gestart door het Bijzondere Gerechtshof.

In April 1951 meldt Freek zich als vrijwilliger voor het NDVN en wordt naar Korea gezonden. Daar blijkt hij niet geschikt als militair en stuurt men hem terug naar Nederland.[78]

Relevante vermelding in staat van dienst: niet.

Johan Polet (Geboren op 02-07-1925 te Amsterdam / overleden op 10-07-1992 te Amsterdam)

De vader van de Amsterdamse Johan Polet, de bekende beeldhouwer Johan Polet, was tijdens de bezetting lid van de Nationaal Socialistische "Kultuurkamer" en pro-Duits. Mogelijk ligt daarin de reden dat Johan junior als student lid was van het Nationaal Socialistisch Studentenfront, de studenten afdeling van de NSB. Naar eigen zeggen, na de oorlog, was Johan echter vooral lid om tewerkstelling in Duitsland te voorkomen. Daarbij was hij ook lid van de paramilitaire *Nederlandse Landwacht*.[79]

---

77 Centraal Archief Bijzondere Rechtspraak, 86254, Horst, ter, Frederikus, proces verbaal 26 augustus 1946.
78 Ministerie van Defensie, persoonlijke staat van dienst, Horst, ter, Frederikus.
79 Centraal Archief Bijzondere Rechtspraak, 65240, Polet, Johan, staat van inlichtingen 12 april 1949.

De *Landwacht* maakte zich door haar optreden tijdens de bezetting niet populair bij de Nederlandse bevolking. Ook de afdeling waar Polet toe behoorde ging haar boekje behoorlijk te buiten en werd daardoor na de oorlog onderwerp van onderzoek door de Bijzondere Rechtspleging. Nog voor dit onderzoek is afgerond komt Johan op 2 mei 1946 als Gewoon Dienstplichtige onder de wapenen bij het 3ᵉ bataljon 12 Regiment Infanterie.[80]

Tijdens de opleiding valt hij positief op en wordt "zonder aarzelen voorgedragen voor de officiersopleiding" echter "eerst toen zijn commandant omtrent zijn verleden op de hoogte werd gesteld is Polet Medegedeeld dat hij daardoor niet in aanmerking kon komen voor een functie als kaderlid".[81] Deze afwijzing valt hem volgens zijn beoordelaar zwaar, en leidde ertoe dat "onaangename karaktertrekken langzaam zijn gunstige eigenschappen overvleugelden". In zijn functioneren voldoet hij door "kennis, kunnen en betrouwbaarheid" uitstekend.

Desondanks wordt Johan op 17 maart 1949 vanuit Indonesië terug gestuurd naar Nederland. "Ik vermoed dat dit plaats vond in verband met mijn dienst als hulplandwachter gedurende de bezetting".[82] Op 10 juni 1949 beschikt het Bijzonder Gerechtshof te Amsterdam het

---

80 Ministerie van Defensie, persoonlijke staat van dienst, Polet, Johan.
81 Centraal Archief Bijzondere Rechtspraak, 65240, Polet, Johan, beoordeling te velde 24 september 1948.
82 Centraal Archief Bijzondere Rechtspraak, 65240, Polet, Johan, proces-verbaal 12 april 1949.

volgende: "Voor het opzettelijk in tijd van oorlog de vijand hulp verlenen. Veroordeeld voor een gevangenisstraf voor de tijd van één jaar. Proeftijd van 6 jaar onder toezicht Stichting Toezicht Politieke Delinquenten. Ontzet uit het recht: ambten te bekleden, te kiezen en verkiesbaar te zijn" Opmerkelijk is dat het kopje "dienen bij de gewapende macht" in het standaard rijtje verboden in dit geval is doorgehaald.[83]

Relevante vermelding in staat van dienst: niet.

Harry Soukop (Geboren op 01-08-1926 te Amsterdam / Overleden op 21-03-2021 te Honolulu Hawai (U.S.A)

Harry Soukop werd in Amsterdam geboren als buitenechtelijk kind van de in München geboren Maria Soukov. Daardoor verkreeg Harry bij zijn geboorte automatisch de Duitse nationaliteit. Hoewel Harry het grootste gedeelte van zijn jeugd zou doorbrengen bij een Nederlands pleeggezin, nam zijn Duitse moeder na mei 1940 de opvoeding van Harry weer voor haar rekening. Zo kwam hij op de Duitse *Hauptschule* en moest de padvinderij wijken voor een nationaalsocialistische jeugdorganisatie.

In 1943 ontving de 17 jarige Harry Soukop een oproep om zich als dienstplichtige te melden voor de Duitse *Wehrmacht*. Als dienstplichtig militair werd Harry opgeleid tot zweefvlieger en werd later vermoedelijk overge-

---

83 Centraal Archief Bijzondere Rechtspraak, 65240, Polet, Johan, beschikking 10 juni 1949.

plaatst naar een *Luftwaffefelddivison*. Eind augustus 1944 besluit hij te deserteren, en duikt hij onder. Onder druk van zijn moeder meldt Harry zich na een maand weer bij de Duitse instanties, en wordt teruggezonden naar zijn oude eenheid.

Niet veel later besluit hij voor een tweede maal te deserteren. Tijdens een zwerftocht, gekleed in *Luftwaffe* uniform, van de achterhoek naar Amstelveen wordt hij door de *Feldgendarmerie* in de kraag gevat. Hij overtuigt een *Hauptmann* van de *Feldgendarmerie* ervan dat hij verdwaald is, en komt met de schrik vrij. Eenmaal aangekomen in Amstelveen duikt hij onder tot de bevrijding een feit is.

Na 5 mei 1945 wordt Harry opgepakt door de Binnenlandse Strijdkrachten en korte tijd vastgehouden. In afwachting van de behandeling van zijn zaak door het Bijzonder Gerechtshof wordt Harry onder huisarrest geplaatst. De politieke opsporingsdienst besluit zijn zaak te seponeren: Harry Soukop is immers een Duits staatsburger en daarmee heeft hij niets strafbaars gedaan door gehoor te geven aan zijn oproep voor militaire dienst bij de *Luftwaffe*.[84]

Maar omdat Harry geen Nederlands staatsburger is lukt het hem niet om een werkvergunning te krijgen in Nederland. Daarom meldde hij zich als vrijwilliger bij de

---

84 J. Bartels, *Topenjaren; ploppers en patrouilles. Het dienstplichtig 2ᵉ Eskadron Huzaren van Boreel in Nederlands-Indië 1947-1950* (Amsterdam 2009), blz 445.

Koninklijke Landmacht om naar Indië uitgezonden te in de hoop op die manier het Nederlandse staatsburgerschap te kunnen verdienen. Op 30 oktober 1947 vertrok Harry met het 2ᵉ eskadron Huzaren van Boreel naar Indië waar hij tot 20 maart 1950 zou verblijven.[85]Uiteindelijk zou het nog tot 5 oktober 1952 duren voordat Harry Soukop eindelijk in het bezit kwam van een Nederlands paspoort.

De levensloop van Harry Soukop is uitgebreid door Jaques Bartels opgetekend in *Tropenjaren; ploppers en patrouilles. Het dienstplichtig 2ᵉ Eskadron Huzaren van Boreel in Nederlands-Indië 1947-1950* uit 2009.

Relevante vermelding in staat van dienst: "nationaliteit : Duitser"

Henri Pierre Sonneville (Geboren op 30-03-1928 te Maastricht / Overleden op 04-05-1970)

Sonneville aan boord opweg naar Korea.
Bron: collectie Rende van de Kamp

Henri Pierre Sonneville groeide op in een gebroken gezin, nadat zijn ouders in 1937 waren gescheiden. Onder invloed van zijn vader werd hij lid van de Nationale Jeugdstorm, en ging hij met de *Germaanse Landdienst* werken op een boerderij in het Duitse Oldenbruck. Als 15 jarige jongen melde hij zich

85 Ministerie van Defensie, staat van dienst, Soukop, Harry,

als vrijwilliger voor de *Kriegsmarine*, en kwam na verschillende opleidingen bij een FLAK-afdeling in het Italiaanse Genua terecht.[86] In Italië besloot Henri op 26 juni 1944 om te deserteren en over te lopen naar de partizanen.[87]

In augustus 195 werd Henri opgepakt in Italië en naar Nederland overgebracht. In Nederland wordt hij berecht en uiteindelijk op 21 juni 1947 voorwaardelijk buiten vervolging gesteld, ontzet uit diverse burgerrechten en onder toezicht geplaatst van de Stichting Toezicht Politieke Delinquenten.[88]

Op 11 februari 1950 dient Henri een verzoek in om te worden hersteld in het recht om te mogen dienen bij de gewapende macht.[89] Dat verzoek wordt ingewilligd, en Henri wordt op 15 maart 1950 als Buiten Gewoon dienstplichtige bij de Koninklijke Landmacht geregistreerd. Een jaar later op 12 maart 1951 wordt Henri vervolgens als vrijwilliger ingelijfd bij het NDVN en op 31 maart vertrekt hij op de General McRea naar Korea.[90]

In Korea simuleert Henri ernstige psychische klachten, waarna hij wordt gerepatrieerd naar Nederland. Om ont-

---

86 R. van de Kamp, *Bandieten, te wapen! Nederlandse partizanen in Italië in de Tweede Wereldoorlog* (Nijmegen 2020), 192-193.
87 Centraal Archief Bijzondere Rechtspraak, 112295, Sonneville, Henri, Proces verbaal 6 februari 1947.
88 Centraal Archief Bijzondere Rechtspraak, STPD Tilburg 1450, dossiernummer 114, Sonneville, Henri, besluit 21 juni 1947.
89 Centraal Archief Bijzondere Rechtspraak, 112295, Sonneville,
90 Ministerie van Defensie, Persoonlijke staat van dienst, Sonneville, Hendrikus Pierre.

maskering door de Militaire Politie te voorkomen besluit Henri, eenmaal terug in Nederland, om opnieuw te deserteren. Nu wijkt hij uit naar de *Deutsche Demokratische Republik*. In de DDR treed Henri als informant in dienst bij de *Stasi*. Bij de Koninklijke Landmacht staat Henri Sonneville van 2 januari 1952 tot zijn ontslag wegens dienst beëindiging op 3 januari 1964 op "onwettig afwezig".[91]

De levensloop van Hendrikus Pierre Sonneville wordt uitgebreid beschreven door Rende van de Kamp in zijn boek over Nederlandse Partizanen: *Bandieten, te wapen!*

Relevante vermelding in staat van dienst: "Ontzet voor de duur van 10 jaren uit het recht om bij de gewapende macht te dienen. Miv. 21.7.'48. Ontslagen op grond van art. 44 1e lid van de dienstplichtwet. Ontzetting ingetrokken 14-2-'50"

Leonardus Klaassen (Geboren op 01-11-1923 te Eindhoven)

Het relaas van Leo Klaassen is met zijn CABR dossier als belangrijkste bron niet eenvoudig te reconstrueren. Dit dossier bevat afschriften van verschillende verhoren en verklaringen afkomstig van Leo zelf, die niet altijd met elkaar in overeenstemming zijn. Zijn eigen verslag van 10 juni 1945 lijkt het meest gedetailleerd. Hij verklaart daarin zich al in 1940, uit zucht naar avontuur, te hebben

---

91 Ministerie van Defensie, Persoonlijke staat van dienst, Sonneville, Hendrikus Pierre.

aangemeld voor de *Waffen-SS*, maar te zijn afgewezen tijdens de keuring. Later, in april 1941 zou hij alsnog bij de *Waffen-SS* in dienst zijn getreden, waar hij op 20 juni 1941 tijdens een zonnewendefeest de eed op Adolf Hitler aflegde. Na een intensieve opleiding tijdens een verlof naar huis zou hij op 17 november kortstondig zijn gedeserteerd, om zich op 21 november weer te melden bij de *Ortskommandantur*. Deze desertie, niet in het aangezicht van de vijand, leverde hem een plaatsing bij een strafcompagnie van de *Waffen-SS* op aan het Oostfront.[92]

Het dossier bevat geen documentatie om deze vermeende desertie te ondersteunen. Wel is er een 'verzoek tot opheffing der dienstbetrekking van den SS Schutzen Leonardus Klaassen, *3ᵉ SS Freiwilligen Standarte Nord-West*' in het dossier opgenomen. Dit document getekend op 4 november 1941, dus de periode direct voorafgaand aan Klaassens desertie. Dat suggereert toch op zijn minst dat Leo in November 1941 mogelijk heeft overwogen te deserteren. Het verzoek werd afgewezen omdat "de vrijwilliger zich heeft verplicht voor den duur van den oorlog dienst te doen bij *Freiwillige Standarte Nord-West*".[93] Mogelijk dat Leo daarom besloot om er van door te gaan?

Goed en wel terug bij de *Waffen-SS* maakt Leo de gevechten in de *Wolchow-Kessel* mee, waar hij gewond raakt. Via

---

92 Centraal Archief Bijzondere Rechtspraak, 28727, Klaassen, Leonardus, proces verbaal 10 juni 1945.

93 Centraal Archief Bijzondere Rechtspraak, 28727 , Klaassen, Leonardus, verzoek tot opheffing der dienstbetrekking 4 november 1941.

verschillende lazerets komt Leo terecht bij het reservebataljon in Graz waar hij blijft tot mei 1943. Van daar uit wordt hij overgeplaatst naar het *Ersatz Bataljon* van *Nord-West* en ingedeeld bij de kustverdediging in Scheveningen. Terug in Nederland besluit Leo naar eigen zeggen opnieuw te deserteren, sluit hij zich aan bij het verzet en raakt betrokken bij gewelddadige verzetsacties.[94] Een andere lezing van de feiten wordt later gegeven door de communistische krant *De Waarheid* die stelt dat Leo in de laatste maanden van de oorlog op eigen houtje verschillende roofovervallen pleegde, die niets met verzetswerk te maken hadden.[95]

Linksom of rechtsom wordt Leo naar eigen zeggen begin mei 1945 door de Duitse autoriteiten ter dood veroordeeld. Van een daadwerkelijke executie komt het echter niet en Leo valt in handen van de Nederlandse autoriteiten die hem al op 10 juni 1945 verhoren. Tijdens zijn internering, of misschien al wel daar voor, krijgt Leo een zenuwinzinking en wordt hij overgebracht van uit een detentie kamp in Groningen naar een "krankzinnigen inrichting te 's-Gravenhage". Daar ontsnapt hij op 20 augustus, waarna hij wordt overgebracht naar een psychiatrische inrichting in Vught.[96]

---

94 Centraal Archief Bijzondere Rechtspraak, 28727, Klaassen, Leonardus, proces verbaal 10 juni 1945.
95 'SS- er Klaassen werft Hongarije vrijwilligers', *De Waarheid*, 16-11-1956.
96 Centraal Archief Bijzondere Rechtspraak, 62559, Klaassen, Leonardus

"Op 26 juni 1948 wordt Leo Klaassen door het hof voorwaardelijk buiten vervolging gesteld, waarbij hij voor de duur van 10 jaren wordt ontzet uit het recht om: ambten te bekleden, te dienen bij de gewapende macht, te kiezen of gekozen te worden". Een paar jaar later "vertrok [hij] op 8 juni 1953 met het schip MS Felix Roussel naar Korea als soldaat bij het NDVN".[97] Weer een paar jaar verder, na terugkomst uit Korea, zou Leo in reactie op de Hongaarse opstand in 1956 aan de wieg van een "Nederlands legioen" staan om de opstandelingen bij te staan in hun strijd tegen de Russen.[98] Wat hier uiteindelijk van terecht is gekomen blijft helaas onduidelijk, maar het lijkt er op dat Leo Klaassen een geen man was om lang stil te zitten.

Relevante vermelding in staat van dienst: niet in bezit.

Pieter Klaas Smit (Geboren 06-01-1928 te Amsterdam / Gesneuveld 03-01-1951 omgeving Hoensong Korea)

Pieter Klaas Smit,
bron: collectie B. van Doorn

Pieter Smit was afkomstig uit een gebroken gezin en groeide op als straatschoffie in Amsterdam. Als jongen van 16 jaar beging hij in januari 1944 een kleine diefstal waarvoor hij werd gearresteerd. In het arrestantenlokaal wordt hij door de

97 Archief VOKS
98 'SS- er Klaassen werft Hongarije vrijwilligers', *De Waarheid*, 16-11-1956.

Amsterdamse politie onder druk gezet om te tekenen voor de *Germaanse SS* om aan verdere vervolging te ontkomen. Hij bezwijkt onder de druk en zo komt Pieter op 31 januari 1944 terecht bij de *Standarte Nord-West* van de *Waffen-SS*.

Na het voltooien van een initiële opleiding op de Isabellakazerne in Vught wordt Pieter wegens ziekte opgenomen in een militair hospitaal. Na 10 weken wordt Pieter Smit ontslagen uit het hospitaal. Hoe het Pieter vergaat bij de *Waffen-SS* blijft onduidelijk, maar in het najaar 1944 besluit hij te deserteren en onder de duiken. Op dat moment dient hij niet langer bij de *Waffen-SS* maar bij de *Wasserschutzpolizei*. Enige tijd later verlaat hij zijn onderduikadres op het Fort Diemerdam om zijn geluk elders te beproeven, maar niet nadat hij zijn onderdakgever beroofd van een aantal persoonlijke bezittingen.[99]

Terug in Amsterdam wordt Pieter halverwege mei 1945 kortstondig geïnterneerd door de Binnenlandse Strijdkrachten, en uiteindelijk in afwachting van de behandeling van zijn zaak door de Bijzondere Rechtspleging onder huisarrest geplaatst. Dat thuis zitten is bevalt hem niet, en hij glipt er tussen uit om zich op 8 november 1945 aan te melden als OVW'er bij de Koninklijke Landmacht.[100] In augustus 1946 wordt Pieter gearresteerd in verband met zijn oorlogsverleden. Tijdens een verhoor komt de verbalisant tot de ontdekking dat Pieter een lit-

---

99   B. van Doorn, *P.K. Smit*
100 Ministerie van Defensie, Persoonlijke staat van dienst, Smit, P. K.

teken heeft onder zijn linker oksel, waar hij eigenhandig de bloedgroep tatoeage van de *Waffen-SS* heeft verwijderd. Al verklaart Pieter zelf deze tatoeage bij de *Wasserschutzpolizei* te hebben gekregen. Op 1 september 1946 wordt Pieter officieel ontslagen uit militaire dienst, en op 21 oktober wordt hij veroordeeld en ontzet uit het recht om te mogen dienen bij de gewapende macht.[101]

Op 1 juni 1948, het jaar van zijn 20ste verjaardag, wordt Pieter als Buitengewoon Dienstplichtige ingelijfd bij de Koninklijke Landmacht. De volgende dag al wordt hij al vanwege zijn nog lopende ontzetting ontslagen.[102] Die ontzetting wordt formeel ingetrokken op 25 oktober 1950 wanneer Pieter Klaas Smit zicht als vrijwilliger meld voor het NDVN, waar hij ondanks een berisping van zijn Compagniescommandant Kapitein van der Veer wordt opgenomen in de A-compagnie.

In Korea raakt Pieter op 3 januari 1951 dodelijk gewond in de omgeving van Hoensong wanneer hij als vrijwilliger probeert om contact te leggen met een aantal afgesneden Nederlandse militairen. In de chaotische situatie die volgt is het niet mogelijk om de gewonde Pieter af te voeren, en blijft hij achter terwijl zijn strijdmakkers genoodzaakt zijn om terug te trekken. Het zal nog tot april dat jaar duren voordat zijn lichaam kan worden geborgen. Voor zijn moedige optreden tijdens deze fatale actie wordt Pieter op 13 april 1952 postuum onderscheiden met het Bronzen Kruis.

---

101 Centraal Archief Bijzondere Rechtspraak, 107613, Smit, Pieter Klaas, beschikking
102 Ministerie van Defensie, Persoonlijke staat van dienst, Smit, P. K.

Historicus Bernie van Doorn schreef een biografisch stuk waarin de levensloop van Pieter Klaas Smit aan de hand van verschillende bronnen werd gereconstrueerd. Ook in de film *De voorste linie* van Paul Cohen komt Pieter ter sprake tijdens een interview met zijn voormalige Compagniecommandant Kapitein W. van der Veer.

Relevante vermelding in staat van dienst:
-21-10-1946: "Ontzet uit het recht om bij de gewapende macht te dienen voor den tijd van 10 jaren"
-02-06-1948: "Ontslagen op grond van art.44 1^e lid E van de dienstplichtwet"

Dick Woudenberg (Geboren op 23-06-1928 te IJmuiden / Overleden op 16 september 2017 te Hilversum)

Dick groeide op als zoon van NSB-kopstuk Hendrik Jan Woudenberg. Als kind zat hij tussen 1935 en 1942 bij de jeugdstorm en ging toen over naar de *Hitlerjugend*. Bij de *Hitlerjugend* volgde hij een opleiding aan de *Reichsschule Valkenburg*, een nazi-kostschool. Net als veel andere leerlingen van dergelijke instituten werd ook Dick in de laatste fase van de Tweede Wereldoorlog onder de wapenen geroepen en ingedeeld bij de *Waffen-SS*.

Op 13 mei 1945 wordt Dick geïnterneerd, en uiteindelijk opgesloten in kamp Vught. Op 22 oktober 1946 wordt Dick verhoord door de Politieke Recherche in Amsterdam en verklaard dat "het mijn doel was om dienst te nemen bij de SS, maar zover is het nooit gekomen. Ik heb nooit wapens gedragen of dienst gedaan in het Duitse leger". Dick wordt geclassificeerd als "Jeugd-geval".[103]

Op 1 oktober 1948 wordt Dick als gewoon dienstplichti-ge ingelijfd bij het 1ste Regiment Infanterie en op 18 november dat jaar komt hij in werkelijke dienst voor de Officiers Selectie Commissie. In 1973 wordt Dirk in de rang van reserve Eerste-luitenant eervol ontslagen wegens beëindiging van zijn dienverplichting. [104]

Relevante vermelding in staat van dienst: niet.

Jacobus Nicolaas Kaandorp (Geboren op 22 april 1928 te Alkmaar)

Jacobus, of Jaap, uit het Noord-Hollandse Alkmaar heeft als jonge knaap een fascinatie voor alles dat met lucht-vaart te maken heeft. Gedreven door zijn passie voor de luchtvaarttechniek en uit zucht naar avontuur besluit hij zich, ondanks zijn anti-Duitse inborst, als vrijwilliger te melden bij de *Luftwaffe*. Ironisch genoeg wordt hij, mogelijk vanwege zijn geringe leeftijd, ingedeeld bij de luchtafweer als *Flakhelfer*. Althans zo licht hij zijn moti-vatie toe tijdens een verhoor door de Politieke Recherche Afdeling Alkmaar op 19 februari 1946.[105]

---

103 Centraal Archief Bijzondere Rechtspraak, Woudenberg, D. 86470 (PRA Amsterdam, dossiernummer 43620)

104 Ministerie van Defensie, persoonlijke staat van dienst, Wou-denberg, D.

105 Centraal Archief Bijzondere Rechtspraak, Kaandorp, J, CABR 2509 (PRA Alkmaar, dossiernummer 1880), Verhoor 19-02-1946.

Het bijzonder gerechtshof besluit op 12 juni 1946 om Jacobus Nicolaas Kaandorp voorwaardelijk buiten vervolging te stellen met een proeftijd van 3 jaar en een ontzetting voor de duur van tien jaren uit: het actief en passief kiesrecht, het recht om ambten te bekleden en het recht om bij de gewapende macht te dienen.

Na het uitbreken van de Korea oorlog richtte Jaap zich in een verzoekschrift tot de Minister van Justitie met het verzoek om te worden hersteld in het recht om te mogen dienen bij de gewapende macht. De Minister besluit op 16 maart 1951 "Jacobus Kaandorp, voornoemd, te herstellen in het recht om ambten te bekleden, het recht om bij de gewapende macht te dienen...".[106] Daarop sluit Jaap zich aan bij het NDVN en vertrekt op 21 juni 1951 met de *General McRea* naar Korea. Na Korea blijft Jaap Kaandorp werkzaam als beroepsmilitair.[107]

Relevante vermelding in staat van dienst: niet in bezit.

Antoon Wassenberg (Geboren op 28-05-1927 te Weesperkaspel / Overleden op 07-07-1998 te Zwolle)

Antoon meldde zich op 28-08-1944 als vrijwilliger bij het *NSKK* om te ontsnappen aan problemen thuis. In dienst van het *NSKK* ontvangt hij een militaire opleiding en verricht in Nederland verschillende werkzaamheden

---

106 Centraal Archief Bijzondere Rechtspraak, Kaandorp, CABR 105236 (PF Amsterdam, dossiernummer T10295), besluit Minister van Justitie, 16-03-1951.
107 Valk, *Vechten*, 84.

ter ondersteuning van de *Wehrmacht*.[108] Op 18 maart 1947 wordt Antoon voorwaardelijk buiten vervolging gesteld en veroordeeld tot een proeftijd van 2 jaar en 6 maanden. Opmerkelijk is dat Antoon ogenschijnlijk niet voor de duur van 10 jaar wordt ontzet uit het recht om te dienen bij de gewapende macht, het recht om ambten te bekleden etc. Na het verstrijken van die 2 jaar en 6 maanden wordt Antoons voorwaardelijke buiten vervolgingstelling bekrachtigd door het Bijzonder Gerechtshof. Van een verbod op het dienen bij de gewapende macht is ook dan geen sprake.[109]

Op 31 maart 1951 vertrekt Antoon Wassenberg als soldaat van het regiment van Heutz met de *General Mc Rea* naar Korea.

Relevante vermelding in staat van dienst: niet in bezit.

Adriaan Duyvenstein (Geboren op 16-08-1927 te Den Haag)

Adriaan werd op 5 januari 1945 aangesteld door *Der Hohere SS-und Polizei Fuhrer Nordwest.*[110]

---

108 Centraal Archief Bijzondere Rechtspraak, Wassenberg, A, CABR 94269 (PRA Hilversum, dossiernummer 3114), proces verbaal 09-07-1947 & *NSKK anmeldeboge.*
109 Centraal Archief Bijzondere Rechtspraak, Wassenberg, A, CABR 106041 (PF Amsterdam, dossiernummer T31468)
110 Centraal Archief Bijzondere Rechtspraak, Duyvenstein, A. CABR 89545 (PRA Den Haag, dossiernummer 8002), *Zahlbogen einstellung 05-01-1945*

Toen de Politieke Recherche afdeling Den Haag in juni 1947 een onderzoek naar Adriaan instelde bleek dat "verdachte verblijt als militair in Indië". Een verder onderzoek werd niet ondernomen.[111]

Adriaan diende 3 jaar in Indië en meldde zich ook als vrijwilliger voor het NDVN. Op 31 maart 1951 vertrok hij als soldaat met de *General Mc Rea* naar Korea. Daar bleek hij niet te functioneren, en uiteindelijk werd Antoon met al dan niet voorgewende psychische klachten gerepatrieerd naar Nederland.[112]

Relevante vermelding in staat van dienst: niet in bezit.

Bart Heusschen (Geboren op 15-05-1925 te Heer / Overleden op 03-02-1949 te Wageningen)

Bart Heusschen uit het Limburgse Heer besloot in augustus 1943 bij het NSKK te gaan werken. Als automonteur kon hij daar meer verdienen dan bij zijn vroegere werkgever.[113] Gelet op de oorlogstoestand en de rantsoenering voor benzine voor civiel gebruik lijkt dat geen onlogische keuze. In dienst van het NSKK ontving Bart een militaire opleiding en was hij werkzaam op verschillende locaties in Nederland, België en Duitsland.

---

111 Centraal Archief Bijzondere Rechtspraak, Duyvenstein, A. CABR 89545 (PRA Den Haag, dossiernummer 8002), proces verbaal.
112 Valk, *Vechten*, 84.
113 Centraal Archief Bijzondere Rechtspraak, Heusschen, B. CABR 94987 (RP Maastricht, dossiernummer 3007)

Op 8 mei 1946 wordt Bart op voet van gewoon dienst-plichtige van de lichting 1945 ingelijfd bij de Koninklijke Landmacht.[114] Een paar maanden later op 29 oktober vertrekt hij tegen zijn zin met de M.S. Nieuw Holland naar Indië. Dit terwijl hij enkele weken eerder op 13 september door het bijzonder gerechtshof te Maastricht voorwaardelijk buiten vervolging werd gesteld, één van de genoemde voorwaarde was een ontzetting voor 10 jaren uit het recht om te mogen dienen bij de gewapende macht. Kort daarop, te weten 22 oktober, luttele dagen voor zijn vertrek naar Indië, herroept de Officier-Fiscaal van het Bijzondere Gerechtshof zijn beslissing. Hij stelt Bart opnieuw voorwaardelijk buiten vervolging, maar laat het eerder genoemde verbod om te dienen bij de gewapende macht achterwege.

In de tussenliggende periode doet de Stichting Toezicht Politieke Delinquenten afdeling Maastricht een beroep op de directeur van deze stichting om bij het Bijzonder Gerechtshof om te bemiddelen in Barts belang. Bart staat immers onder zijn toezicht en heeft een verbod op het dienen bij de gewapende macht, en zou derhalve niet als militair naar Indië gestuurd mogen worden. Le Poole ver-zoekt, namens enige toezichthouders, om de ontstane situatie te bespreken met het Ministerie van Oorlog en kenbaar te maken bij de Procureur-Fiscaal.

114 Ministerie van Defensie, persoonlijke staat van dienst, Heus-schen, Bart.

Eind september 1948, dus een kleine 2 jaar na zijn onvrijwillige vertrek op de M.S. Nieuw Holland wordt Bart gerepatrieerd naar Nederland. Terwijl Bart in Indië zat heeft in Nederland de Procereur-Fiscaal van het Bijzonder Gerechtshof de zaak onder ogen gekregen, en aangedrongen op een repatriëring. Achteraf blijkt dat deze zich uitsluitend heeft gebaseerd op de eerste, inmiddels achterhaalde, beslissing van de Officier-Fiscaal d.d. 13 september 1946. Dat de afhandeling van Barts geval niet geheel vlekkeloos is verlopen blijkt uit een later schrijven van de Officier van Justitie gericht aan het ministerie van oorlog d.d. 2 maart 1949. "Het is te betreuren dat Heusschen ten gevolge van een en ander uit Indië is teruggeroepen en uit de dienst ontslagen is, terwijl thans blijkt dat hem het recht om bij de gewapende macht te dienen inderdaad niet ontnomen was".[115]

Korte tijd later, op 2 februari 1949 overlijd Bart Heusschen in Sanatorium Oranje Nassau's Oord te Renkum in de gemeente Wageningen, vermoedelijk aan tuberculose.[116]

Relevante vermelding in staat van dienst: niet.

115 Centraal Archief Bijzondere Rechtspraak, Heusschen, B, J. Houben, Officier van Justitie, 08-05-1949.
116 Valk, *Vechten voor Vijand en Vaderland*,

Hoofdstuk 1

Opnieuw in dienst

Na de Tweede Wereldoorlog is een aantal voormalige militaire collaborateurs, het merendeel van deze mannen had gediend in de Waffen-SS , in de Nederlandse strijdkrachten terechtgekomen. Dat klinkt in de eerste instantie erg vreemd, omdat deze mannen op grond van de wet op het Nederlanderschap en ingezetenschap uit 1892, hun Nederlandse nationaliteit zouden moeten hebben verloren. Artikel 7.4 van deze wet stelt dat 'Nederlanderschap wordt verloren door zonder Ons verlof zich te begeven in vreemde krijgs- of staatsdienst'. Door gedurende de jaren van Duitse bezetting dienst te nemen bij een Duits krijgsmachtsonderdeel zouden deze mannen hun Nederlanderschap hebben verspeeld. Nader onderzoek wijst echter uit dat het bezitten van de Nederlandse nationaliteit geen vereiste is geweest om te mogen toetreden tot de Nederlandse strijdkrachten. Dit blijkt bijvoorbeeld uit het geval van Florian Muszynski: een anticommunistische Pool die zich in 1951 aansloot bij het NDVN, en jaren later een verzoek tot naturalisatie bij de Nederlandse staat zou indienen.[117] Ook de voormalige *Luftwaffe* militair Harry Soukop die als vrijwilliger naar Indië ging had op dat moment niet de Nederlandse nationaliteit, zijn staat van dienst vermeld zelfs "nationaliteit: Duitser". Het was dus mogelijk voor personen, om zon-

---

117 Tweede Kamer 1967-1968 kamerstuknummer 9479 *#3 Naturalisatie van Babucke, Heinz-Wolfgang en 26 anderen.*

der in het bezit te zijn van de Nederlandse nationaliteit toe te treden tot de Nederlandse strijdkrachten.

Maar hoe en waarom raakte een aantal van de duizenden Nederlandse mannen die tijdens de Tweede Wereldoorlog in Duitse militaire dienst waren geweest na de oorlog in de Koninklijke Landmacht terecht? Er bestaan een hoop geruchten die de vaker gemelde aanwezigheid van oud-SS'ers binnen de krijgsmacht zouden moeten verklaren. De belangrijkste passeren hier de revue. Vervolgens wordt er gekeken naar de manier waarop de bestudeerde personen in de Landmacht terecht zijn gekomen.

1.1 Krijgsdienst als alternatieve bestraffing?

Voor het schrijven van zijn artikelen *Het litteken van een scheermes* en *De vinger op de oude wonde* is Van Esterik in diverse archieven van het toenmalige Ministerie van Oorlog op zoek gegaan naar verder bewijs voor de constatering van zijn bron. Dit was de heer Hammelburg, een oud-inlichtingen officier van het KNIL die tijdens de eerste Politionele Actie, tot zijn verbazing, had opgemerkt dat er zich oud-SS'ers onder de Nederlandse troepen bevonden. Hij stuitte daarbij op verschillende documenten en suggesties die erop wijzen dat het uitzenden van oud-SS'ers naar Nederlands-Indië, in ieder geval door vooraanstaande personen is overwogen en door anderen zelfs is gepropageerd als een vorm van boetedoening om af te rekenen met het verleden.[118] De praktische voordelen van het uitzenden van deze mannen liggen voor de hand: het gaat over het algemeen om militair goed opgeleide en ervaren man-

---

118 Van Esterik, 'Het litteken van het scheermes'.

schappen, die bovendien 'iets goed hebben maken'. Juist op hetzelfde moment zat de krijgsmacht te springen om personeel voor het herstel van orde en gezag in *de Oost*.

Gegeven de omstandigheden lijkt het geen vreemde gedachte dat er destijds stemmen zijn opgegaan voor het vullen van de gelederen van het Nederlandse expeditie leger vanuit de internering en heropvoedingskampen. Zo verwijst Van Esterik bijvoorbeeld naar een memorandum uit 1945 gericht aan de toenmalige minister president Willem Schermerhorn, waarin wordt gepleit voor een rehabilitatie door 'het Nederlandse volk gewapenderhand te dienen'. Dit memorandum is, volgens Van Esterik, formeel verder zonder gevolgen gebleven en helaas vermeldt hij (Van Esterik) niet de auteur van het betreffende stuk. Ook Prins Bernhard heeft over dit onderwerp een balletje opgegooid door, de toenmalige minister van Oorlog, J. Meynen te wijzen op de mogelijkheid om de in de Harskamp geïnterneerde SS'ers uit te zenden en zo het tekort aan opgeleid militair personeel gedeeltelijk op te lossen.

Het voorstel van de Prins werd, volgens militair-historicus Jaques Bartels, door minister Meynen aan de kant geschoven, uit angst een situatie te creëren waarin de eigen dienstplichtigen zich op één lijn gezet zouden voelen met SS'ers.[119] Bartels doet in zijn boek *Tropenjaren: Patrouilles en Ploppers* verslag van deze bespreking tussen de Prins en de minister, en concludeert hieruit dat er in ieder geval voor de inzet in Nederlands-Indië, uit principiële overwegingen, geen sprake kan zijn geweest van actieve werving onder de grote groep militaire collaborateurs die zich achter tralies en prikkeldraad bevond.

---

119 Bartels, *Tropenjaren: Patrouilles en ploppers*, 442-443.

Zich baserend op Van Esteriks artikel ('Het litteken van een Scheermes') schreef de populaire historicus Geert Mak, in zijn werk *De eeuw van mijn vader* uit 1999, zelfs dat: 'er een flink contingent oud-SS'ers met de troepen meegekomen waren, die zo de kans kregen om zich te 'rehabiliteren' (...) Volgens regeringsstukken die later zijn vrijgegeven betrof het hier zo'n vijftien á dertigduizend man'.[120] Het probleem met deze bewering van Mak is dat Van Esterik in zijn artikelen nergens beweert dat er sprake is geweest van een dergelijk 'rehabilitatieprogramma'. Het enige dat Van Esterik vermeldt, is dat hierover plannen hebben bestaan en dat er zich in de betreffende periode vijftien á dertigduizend oud-SS'ers achter prikkeldraad bevonden. Mak telt deze twee gegevens zonder meer bij elkaar op. Volgens Van Esterik is nadrukkelijk geen van de door hem besproken plannen daadwerkelijk ten uitvoer gekomen.

Desondanks bestaan er hardnekkige geruchten dat onder oud-SS'ers zou zijn geworven voor krijgsdienst in Nederlands-Indië, als alternatieve vorm van bestraffing. De journalist Peter Schumacher weet in zijn boek *De gewelddadige dekolonisatie van Indonesië* bijvoorbeeld te vermelden dat: 'Vermoedelijk enkele honderden ex-SS'ers zijn als militair naar Indië gestuurd, als een soort alternatieve straf.' Helaas komt hij niet met harde bewijzen om deze uitspraak te staven en verwijst hij, net als Geert Mak, enkel naar Van Esterik's artikelen die juist lieten weten geen bewijs voor deze suggestie te hebben kunnen vinden.[121]

---

120 G. Mak, *De eeuw van mijn vader* (Amsterdam 1999).
121 P. Schumacher, *Ogenblikken van genezing. De gewelddadige dekolonisatie van Indonesië* (Amsterdam 1996/2011), 151.

Een serieuzere 'aanklacht' lijkt te komen van de oud-geheimagent Pieter Brijnen van Houten. In zijn autobiografie, *Brandwacht in de coulissen*, vermeldt deze dat 'de legerleiding ongezuiverde SS'ers door onze dienstplichtigen in Indië [kon] mengen met alle gevolgen van dien.' In totaal zou het gaan om '573 van deze racistisch geschoolde edelgermanen'.[122] Maar Brijnen van Houten baseert zijn 'wetenschap' op een verdwenen kaartenbak van de binnenlandse veiligheidsdienst, zonder verdere toelichting. Het lukt hem hiermee bijzonder goed om het onderwerp in een mysterieuze sfeer van doofpotten en complotten te trekken. Vervolgens verwijst hij naar de artikelen van Van Esterik als 'bewijs' voor zijn overtuiging. De oudste geruchten over het 'hergebruik' van Nederlandse SS'ers door de regering, zijn wellicht afkomstig uit *De Waarheid*. In die krant verscheen, al op 17 juli 1945, een bijzonder suggestief bericht onder de kop 'Nederlandse S.S. als vrijwilligers naar de Pacific?'[123]

Het eerder genoemde voorstel van Prins Bernhard, het acute tekort aan getrainde militairen om 'orde op zaken' te stellen in 'de Oost' en latere indianenverhalen zoals *The Devils guard* van Robert Elford, over het vermeende 'Nazi bataljon' van het Franse vreemdelingenlegioen, vormen ingrediënten voor een dergelijke mythe. Bovendien sluit dit soort geruchten naadloos aan bij het gepopulariseerde beeld dat in het naoorlogse Europa is ontstaan van de Waffen-SS: namelijk dat van bloeddorstige, nietsont-

---

122 P. Brijnen van Houten, *Brandwacht in de Coulissen. Een kwart eeuw geheime diensten* (Houten 1988), 147.

123 *De Waarheid*, 'Nederlandse S.S. als vrijwilligers naar de Pacific?', 17-07-1945.

ziende en doorgewinterde vechtjassen. Vermoedelijk is dit een van de reden waarom deze geruchten gretig aftrek vinden en telkens opnieuw opduiken.

Er bestaan volgens Bartels en Van Esterik dus geen concrete bewijzen die dergelijke geruchten ondersteunen. Waar Van Esterik wel op wijst, is een verzoekschrift van 63 in Britse krijgsgevangenschap verkerende Nederlandse Waffen-SS militairen van 18 juni 1945 gericht aan koningin Wilhelmina. De schrijvers bieden hun diensten aan in de oorlog tegen Japan, op voorwaarde dat zij hun burgerrechten volledig herkrijgen. Het verzoek wordt op het ministerie van Oorlog in behandeling genomen en afgewezen.[124] Het bestaan van dit verzoekschrift illustreert dat er onder de militaire collaborateurs zeker lieden waren die positief stonden tegenover het idee krijgsdienst te verrichten als alternatieve bestraffing. De afwijzing van het verzoek bevestigt dat de Nederlandse staat hier in de praktijk niet mee wilde instemmen.

Dergelijke verzoeken kwamen vaker voor, en waren niet uitsluitend afkomstig van 'gewone' soldaten. Zo stuurde ook de 'zingende bard van de NSB' en Oostfrontstrijder Melchert Schuurman in 1947 samen met tientallen andere geïnterneerden een verzoek om te mogen dienen in Nederlands-Indië.[125] Zijn verzoek werd evenmin ingewilligd, volgens zijn biograaf Gerrit Valk 'vermoedelijk omdat hij te prominent en zeker te oud

---

124 *Archief van Ministerie van Defensie (algemeen), no 157.* Noot overgenomen uit van Esterik, 'De vinger op de oude wonde'.

125 G. Valk, *'Pantsers stooten door, Stuka's vallen aan'. Melchert Schuurman: Een muziekleven in dienst van de NSB en de Waffen-SS* (Amsterdam 2014), 110.

was'. In samenhang met het door Van Esterik aangehaalde verzoek ontstaat eerder de indruk dat in de praktijk geen van deze verzoeken is ingewilligd, zodat de aanwezigheid van oud-SS'ers tijdens de Politionele Acties in Nederlands-Indië op een andere wijze moet worden verklaard.

De *Leeuwarder Courant* van 1 november 1951 bericht over het verhaal van de uit Groningen afkomstige oud-SS'er A.J. Pieters, een man tegen wie, wegens zijn wrede optreden tegen de Haarlemse bevolking in de laatste maanden van de oorlog, de doodstraf was geëist. [126] Deze man verzocht aan de bijzondere Raad van Cassatie om in plaats van deze straf te ondergaan te worden uitgezonden naar Korea, een verzoek dat werd geweigerd. Ook dit individuele geval weerspreekt het gerucht dat Nederlandse gerechtshoven en de overheid krijgsdienst geschikt bevonden als alternatieve bestraffing voor oud-SS'ers.

Als we kijken naar de individuele gevallen, wier persoonlijke herinneringen ons ter beschikking staan, dan valt op dat zij allemaal zijn berecht en veroordeeld door de Bijzondere Rechtspleging. Zij hebben op het moment dat zij opnieuw onder de wapenen komen allemaal een straf van één of meerdere jaren 'heropvoedings-', krijgsgevangenen of interneringskamp achter de rug en maken achteraf geen van allen melding van wervingspraktijken in de gevangenissen en kampen waar zij hun straf uitzaten.

Juist dat onder meer Willem Timmers, Folmer en Montijn in 1950 zich als vrijwilliger aanmelden om te

---

126 *Leeuwarder Courant*, "Ik wil wel naar Korea' zei SS'er, tegen wie de doodstraf werd geëist', 01-11-1951.

dienen in Korea, roept sterk het vermoeden op dat zij, wanneer ze daartoe de kans hadden gehad, zich ook hadden aangemeld om te gaan vechten in Nederlands-Indië. Jan Montijn vlucht bijvoorbeeld in 1945 uit krijgsgevangenschap in het Franse vreemdelingenlegioen, en ook Willem Timmers verklaart: 'ik was toen nog zeer militair minded'.[127] Aan hen is de mogelijkheid om krijgsdienst te verrichten als alternatief voor een gevangenisstraf niet voorgelegd, en dus zijn ze niet gegaan hoewel zij hier zelf waarschijnlijk wel oren naar hadden gehad. Krijgsdienst is voor hen dus ook zeker geen alternatieve strafvorm, en tijdens het uitzitten van hun straf is geen van hen benaderd met de vraag 'of hij wellicht zou willen gaan vechten in Nederlands-Indië'. Daarmee lijken hun persoonlijke ervaringen het sprekende bewijs tegen dit gerucht. Bovendien wekt het gegeven dat de in dit onderzoek bestudeerde mannen zich vrijwillig aanmeldden voor Korea sterk de indruk dat ook voor Korea niet is geworven onder oud-SS'ers, en dat deze mannen zich geheel op eigen initiatief bij het NDVN aansloten. Ook in de ervaringsverslagen en dagboeken van andere, niet opnieuw onder de wapenen gekomen SS'ers, ontbreken in de episoden handelend over hun gevangenschap verwijzingen naar eventuele 'werving' voor Nederlands-Indië in de gevangenenkampen.

Een andere, typerende anekdote van deze strekking is afkomstig van een anoniem gebleven oud-SS'er, en opgenomen in de bundel *De SS'ers* van Armando en Hans Sleutelaar uit 1967:

---

127 Van der Zee, *Voor Führer volk en vaderland*, 265.

'Na de oorlog hadden ze ons, NSBers en SSers, de kans moeten geven om ons te melden voor Nieuw-Guinea. Er was op dat moment hier voor ons toch geen vooruitzicht. We hadden ons met tienduizenden voor Nieuw-Guinea gemeld! Ik garandeer u, want ik ken het type mensen: wij hadden een paar slechte jaren voor de boeg, maar dan had er wat gestaan hoor! Dan was er in Nieuw-Guinea meer bereikt, dan er nou in vijftig jaar wordt bereikt. En geen Indonesiër had tegen onze zin een voet aan wal gezet!'[128]

Deze krijgshaftige woorden wekken de indruk dat deze man ook graag aanwezig had willen zijn onder de troepen in Nederlands-Indië, Korea en later dus Nieuw-Guinea. Blijkbaar was hij er niet van op de hoogte dat verschillende Nederlandse oud-SS'ers allang opnieuw onder de wapenen waren gekomen, omdat hij, blijkens dit citaat, niet op de hoogte was dat hiertoe op de een of andere manier de mogelijkheid bestond. Ook deze man is, hoe graag hij het zelf ook had gewild, na mei 1945 niet door de Nederlandse staat benaderd om krijgsdienst te verrichten. Dat wekt opnieuw de indruk dat militaire collaborateurs na mei 1945 'toevallig' of op eigen initiatief in de Nederlandse krijgsmacht terecht zijn gekomen, en nooit als groep zijn aangeworven.

In zijn uitgebreide studie *Fout en niet goed* maakt Koos Groen wel melding van het geval van een onbekend aantal Nederlandse SS officieren, die door Landmacht officieren werd gevraagd om hun militaire ervaringen aan het Oost-

---

128 Armando en Sleutelaar, *De SS'ers*, 470.

front op papier te zetten in ruil voor strafvermindering.[129] Ook dit verhaal kan hebben bijgedragen aan de mysterieuze geruchten over werving onder oud-SS'ers die later de ronde zouden gaan doen. Dit verhaal wordt bevestigd door een eind jaren '60 anoniem aan het woord gelaten SS-tankcommandant in het 'beruchte' interviewboek *De SS'ers* van Hans Armando en Sleutelaar. Deze man verklaart bijna twintig jaar na dato: 'Ik zat in '49 in de Cellenbarakken in Den Haag, toen ik op een dag bezoek kreeg van twee officieren uit het Nederlandse leger. Ze vroegen mij of ik inderdaad pantserofficier was geweest aan het Oostfront. En of ik bereid was mijn militaire bevindingen op papier te stellen... Toen vroegen ze het volgende" wat zou u ervan zeggen, als we u dan zouden opnemen in het Nederlandse leger, als instrukteur van de pantsertroepen. [?] Ja, luister 'es, heb ik gezegd, hoe stelt u zich dat voor? Ik heb een verbod om bij de gewapende macht te dienen. Hij zegt, die flauwe kul, daar hebben wij niks mee te maken'. [130] Dit voorval lijkt te impliceren dat dus wel werd 'geworven' onder gedetineerde ex-SS'ers, maar niet specifiek voor een inzet in Nederlands-Indië.

Het moge inmiddels duidelijk zijn dat het tot op heden niemand gelukt is, om het gerucht dat op grote schaal onder oud-ss'ers werd geworven voor het verrichten van krijgsdienst als een alternatieve strafvorm, met bewijzen te staven. Toch spreekt dit verhaal bijzonder tot de verbeelding, en blijft het een zekere aantrekkingskracht uitoefenen op het publiek. Er bestaan geruchten, maar geen

---

129 K. Groen, *Fout en niet goed. De vervolging van collaboratie en verraad na de Tweede Wereldoorlog*(Hilversum 2009), 482.
130 Armando en Sleutelaar, *De SS'ers*, 472.

harde bewijzen. Een mogelijkheid is dat na de Duitse capitulatie werd getracht individuele specialisten uit deze groep voor de Nederlandse krijgsmacht aan te trekken, zonder dat op grote schaal onder gedetineerde ex-SS'ers werd geronseld om de gelederen van de Koninklijke Landmacht te vullen.

Nieuw-Guinea

In een interview naar aanleiding van kritiek op de suggestieve bewering van Geert Mak aangaande het uitzenden van oud-SS'ers naar Nederlands-Indië in diens boek *De eeuw van mijn vader*, stelt NIOD-historicus Peter Romijn, gespecialiseerd in de Bijzondere Rechtspleging, nadrukkelijk dat er geen reden bestaat om aan te nemen dat een dergelijk beleid zou hebben bestaan.[131] In latere drukken van zijn boek heeft Mak, naar aanleiding van alle kritiek, deze passage besloten te schrappen. Romijn wijst tijdens dit interview uit 2000 op de betrouwbaarheid van Van Esterik's artikelen, die door Mak destijds verkeerd zijn geïnterpreteerd. Ook zijn NIOD-collega Ismee Tames, gespecialiseerd in de herintegratie van collaborateurs in de periode tussen 1945-1960, laat desgevraagd weten nooit enig concreet bewijs voor deze geruchten tegen te zijn gekomen.[132]

Romijn wijst bij het ontkrachten van deze geruchten, onder andere in het veteranenblad *Checkpoint*, wel op het feit dat onder de oud-SS'ers is geworven voor alternatieve

---

131 Interview met dhr.P.Romijn in het radioprogramma OVT, *VPRO*, 12-03-2000.
132 Persoonlijke correspondentie met mevrouw Tames, E-mail: 27/01/2014.

bestraffing in de vorm van 'pioniersdienst' op Nieuw-Guinea. Oud-SS'ers en NSB'ers werden daar in 1946 te werk gesteld bij het ontmantelen van Amerikaanse militaire bases uit de voorbije oorlog. Romijn vermoedt dat dit beleid van uitzending en alternatieve dienst voor politieke delinquenten in de tropen ten grondslag ligt aan de andere geruchten over krijgsdienst als een alternatieve vorm van bestraffing.[133]

De verklaring van Romijn komt overeen met de opmerkingen van een 'ervaringsdeskundige' in een, als reactie op Van Esterik's artikel, ingezonden brief aan het *NRC Handelsblad* van 8 december 1984. Hierin verklaart de oud-SS'er L. de Pronk uit Den Haag: 'We zaten met ruim 4000 man opgesloten in de Harskamp...als er daar geworven zou zijn voor deelneming aan de Politionele Acties, zouden we er allemaal binnen de kortste tijd van op de hoogte zijn geweest...Stelt u zich voor, als het had gekund en je had zodoende vele jaren gevangenschap kunnen ontlopen, dan hadden we ons immers met duizenden tegelijk aangemeld!' Bovendien, zo verklaart ook deze man, werd er onder hen wel geworven voor 'pioniersdienst' op Nieuw-Guinea. Dat lijkt mij een duidelijke verklaring, die aansluit bij de opvatting dat er onder deze groep niet is geworven voor krijgsdienst als alternatieve strafvorm. In de zelfde rubriek staat ook een andere brief, afkomstig van een oud-vlootpredikant, die dit verhaal onderschrijft en zich herinnert dat hoe hij in 1949 naar Indonesië voer, op een schip waarop zich ook een groep voor Nieuw-Guinea bestemde oud-SS'ers bevond.

133 *Checkpoint*, 1ste jaargang nr1 (2000).

Ter illustratie van dit scenario kan de Enschede 'er Chris Horstmann worden genoemd. Chris diende bij de van 20 november 1943 tot het einde van de oorlog bij de *Kriegsmarine*. Hij was afkomstig uit een Pro-Duits gezin, zijn moeder was NSB -lid en zijn oudere broer sneuvelde als SS'er bij Narva. Zelf raakte hij in Russische krijgsgevangenschap en keerde op 10 juni 1946 terug in Nederland. Hier werd hij veroordeeld wegens landverraad en dienstnemen bij een vreemde mogendheid en geïnterneerd. Vervolgens wordt hij op 4 maart 1948 ontslagen uit internering op grond van vrijwillige aanmelding voor tewerkstelling in Nieuw-Guinea[134]. Later, als we kijken naar de Korea oorlog, komt Chris opnieuw ter sprake.

Speciale eenheden?
Een andere interessante gedachte is de mogelijkheid dat oud-SS'ers werden geconcentreerd in een speciale eenheid, of strafbataljon, dat werd 'opgebruikt' om gevaarlijke klussen op te knappen. Een bekend verhaal in die trant is het beruchte *the Devil's guard. Fascinating true story of the French Foreign legion's Nazi battalion* van Robert Elford uit 1971. Voor het bestaan van een vergelijkbare eenheid binnen de Landmacht bestaat geen enkel bewijs. Alle onderzochte personen kwamen terecht in normale Landmachteenheden. Geen van hen rept ook maar met één woord over zoiets als een 'bijzondere eenheid', samengesteld uit oud-SS'ers. Robert Elford's verhaal zal dan ook zo goed als zeker geen evenknie hebben gehad in de Koninklijke Landmacht. Alleen de 'spreiding' van alle

---

134 CABR 89154 (PRA Enschede, dossiernummer 2311), C.Horstmann, proces verbaal 12 juni 1947.

'foute' huzaren in Niessen's eskadron, zoals beschreven door Bartels, lijkt immers al uit te wijzen dat van concentratie van oud-SS'ers in 'bijzondere eenheden' in de Landmacht geen sprake is geweest.

Motivatie

De motivatie die voormalige militaire collaborateurs er toe bracht zich aan te melden voor de strijd in Korea verschilt van geval tot geval. Dirk Ayelt Kooiman noemt avonturisme, het niet kunnen aarden in de burgermaatschappij en het gevoel een schuld te moeten vereffenen worden als de drijvende factoren achter bijvoorbeeld Montijns besluit.[135] Verder schrijft Kooiman over de troep Korea-gangers waar Montijn deel van uitmaakte: 'er waren oud-SS'ers bij die op deze wijze hun Nederlanderschap konden terugverdienen'[136]; dat impliceert dat deze mannen zouden zijn aangeworven met de belofte als tegenprestatie te worden gerehabiliteerd. Voor Montijn zelf lijkt dit al niet het geval te zijn, en voor zijn onderzochte lotgenoten evenmin.

Na te zijn geïnterneerd in kamp Duindorp en vervolgens drie jaar in verschillende 'heropvoedingsgestichten' te hebben doorgebracht, kan Montyn zijn draai in de burgermaatschappij niet vinden en grijpt hij de 'kans' die Korea lijkt te bieden met beide handen aan. Ook Willem Timmers. lijkt vooral te zijn getrokken door 'het avontuur' en de kans om opnieuw soldaat te zijn. Hij was toen, zoals Sytze van der Zee het omschrijft, 'nog zeer

---

135 Kooyman, *Montyn*, 246.
136 Kooyman, *Montyn*, 246-247.

militair minded'.[137] Jan Folmer verklaarde later dat hij destijds hoopte zich te rehabiliteren en zijn 'schuld' af te betalen, door zijn oorlogservaring beschikbaar te stellen 'en in opdracht van de wereldgemeenschap tegen het bolsjewisme te strijden'.[138] Met andere woorden Folmer voelde zelf een emotionele aandrang om zich te rehabiliteren, en hij werd dus niet gelokt door aantrekkelijke dienstvoorwaarden en de mogelijkheid om te worden hersteld in ontnomen burgerrechten.

Een andere 'militaire avonturier' die na het Oostfront in Korea beland was Leo Klaassen.[139] Over het wel en wee van deze man in Korea is mij niets bekend. Maar ik stuitte wel op een krantenbericht uit november 1956 waaruit blijkt dat hij aan de wieg stond van het *Nederlands Vrijwilligers Legioen Hongarije*: een vrijwilligerseenheid die de Hongaren had moeten bijstaan in hun opstand tegen de bezetting van hun land door de Sovjet Unie.[140] Bij dit legioen zou, volgens *De Waarheid*, later ook kapitein Raymond Westerling betrokken te zijn geweest. Dit *legioen* kwam uiteindelijk niet van de grond, maar het initiatief getuigt wel van een sterke hang naar militair avonturisme en/of een fel anticommunisme bij zijn oprichters, en daarmee naar de mogelijke drijfveren voor Klaassen's Korea-avontuur.

---

137 Van der Zee, *Voor Führer volk en vaderland*, 265.

138 Gerritse, *De verzetsvrouw en de SS'er*, 210. Folmer, *Waffenbrüder*,23. J.J.R. Folmer in: P.Cohen en M. van Haalen, *De voorste linie* (2006).

139 'SS- er Klaassen werft Hongarije vrijwilligers', *De Waarheid*, 16-11-1956.

140 'SS- er Klaassen werft Hongarije vrijwilligers', *De Waarheid*.

De motivatie voortvloeiend uit de behoefte aan een morele rehabilitatie en schuld komt duidelijk naar voren bij de enkele bestudeerde individuen. 'Korea' had dus een zekere aantrekkingskracht op oud-SS'ers en andere voormalige militaire collaborateurs. Haast ten overvloede valt te concluderen dat: van één uniforme motivatie om de wapens op te nemen lijkt geen sprake te zijn. In zoverre bestaat er een duidelijke overlap tussen de pluriformiteit van de hier onderzochte gevallen om naar Korea te gaan, en de door Dr. N.K.C.A. In 't Veld in zijn uitgebreide studie *De SS en Nederland* uit 1976 beschreven sterk uiteenlopende factoren die mannen ertoe bracht om dienst te nemen in de Waffen-SS.[141] Uit de bestudeerde bronnen komt naar voren dat voormalige militaire collaborateurs die naar Korea vertrokken dat deden op eigen initiatief, en dat zij dus niet werden 'verleid' door de overheid om zich in Korea te 'rehabiliteren'.

Ondanks alle bezwaren tegen en ontzenuwde geruchten over grootschalige 'werving' onder gedetineerden bevonden er zich desondanks voormalige militaire collaborateurs in de Nederlandse strijdkrachten. Hoe en waarom waren deze mannen dan wel terecht gekomen in de Nederlandse gelederen gedurende de dekolonisatie oorlog in Nederlands-Indië en tijdens de deelname aan het conflict in Korea als onderdeel van de VN strijdmacht? Uit de literatuur en bovenal uit de bestudeerde persoonlijke verhalen kunnen drie scenario's worden gereconstrueerd die onafhankelijk, maar toch in elkaars verlengde, een antwoord geven op deze vraag.

---

141 N.K.C.A. In 't Veld, *De SS en Nederland* (Den Haag 1976), 410.

1.2 De dans ontsprongen

Het eerste scenario komt nog het meeste overeen met de veel gehoorde geruchten, en heeft betrekking op de chaotische situatie in de laatste maanden van de Tweede Wereldoorlog. Nadat de Geallieerden het zuiden van Nederland in het najaar van 1944 hadden bevrijd, begon het Militaire Gezag vrijwel direct met het aanwerven van oorlogsvrijwilligers voor de strijd tegen Japan. Hierbij trachtte het bijzonder enthousiast om zo veel mogelijk 'strijdvaardige Nederlandse vrijwilligers naar Engeland te krijgen' voor een militaire opleiding, waarbij volgens Chris van Esterik niet werd gekeken naar de achtergrond van individuele vrijwilligers.[142] Uiteindelijk zouden de uit deze OVW-er's gevormde eenheden niet worden ingezet in de oorlog tegen Japan, of voor bezettingstaken in Duitsland, maar worden gebruikt voor het herstellen van Nederlands gezag in de Indische archipel.

Het eerder aangehaalde *Naar de oost* van Pieter Brugman geeft een ooggetuigenverslag van deze bijzonder chaotische periode, waarin de Koninklijke Landmacht uit niets moet worden heropgebouwd. De door Brugman beschreven situaties maken het niet onwaarschijnlijk dat er zich 'foute' vrijwilligers hebben kunnen aanmelden. Over zoiets als een gedegen antecedentenonderzoek spreekt hij in ieder geval niet. Maar hoe kon het ook anders gezien de omstandigheden en administratieve chaos van dat moment?

---

142 C. van Esterik, 'De vinger op de oude wonde: politieke delinquenten onder de wapenen in 'ons Indië", *NRC Handelsblad*, 30 november 1985.

Hoewel de uit deze mannen geformeerde O.V.W-bataljons de naam hebben voor een belangrijk deel afkomstig te zijn uit 'het verzet' en de Binnenlandse Strijdkrachten, blijkt uit door Van Esterik bestudeerde documenten uit het archief van het Departement van Oorlog dat er zich in deze eenheden naast 'goede' ook verschillende 'foute' mannen bevonden. Bovendien blijkt uit deze archiefstukken, volgens Van Esterik, dat de toenmalige minister van Oorlog, Jan de Quay, hiervan op de hoogte is gesteld. Uit deze stukken blijkt, volgens Van Esterik, dat een niet nader genoemde militair-auditeur ervoor heeft gepleit om deze mannen de kans te geven *zich door hun prestaties bij de herovering van onze overzeese gebiedsdelen tegen den vijand te rehabiliteren.*[143]

Het gaat hier dus om mannen die aan de Bijzondere Rechtspleging en vervolging zijn ontsnapt door zich, uit angst voor 'bijltjesdag', tijdig als O.V.W.-er aan te melden. Heel letterlijk zijn zij die dans dus ontsprongen. Nadrukkelijk gaat het dus niet om mannen die krijgsdienst deden als alternatieve bestraffing. Mogelijk is een deel van hen na terugkomst uit Indonesië alsnog vervolgd in het kader van de Bijzondere Rechtspleging. Er bestond in theorie in ieder geval de mogelijkheid om deze mannen aan te geven en voor berechting terug te sturen naar Nederland. In de praktijk zou volgens Van Esterik niet of

---

143 Van Esterik verwijst hier in zijn artikel 'De vinger op de oude wonde' naar het *archief Departement van Oorlog te Londen, no. 96. Brief Mr. H.F.L. Wensink aan J.F. vd. Vijver & Archief Departement van Oorlog te Londen, no. 174, Brief Wensink aan Min. Van Oorlog, 13/4/'45.* Noten overgenomen uit van Esterik, 'De vinger op de oude wonde'.

nauwelijks op ingediende verzoeken om terugzending ingegaan zijn. 'Men moest maar wachten tot na de demobilisatie'. Zo haalt bijvoorbeeld de eerder genoemde heer Hammelburg bakzeil, wanneer hij verhaal wil gaan halen bij de commandant van het onderdeel waarin hij zijn 'ontdekking' doet. Op grond van goed gedrag als militair schijnt een aantal van deze mannen op initiatief van de minister van Oorlog zelfs te zijn 'gerehabiliteerd', zo blijkt uit door Van Esterik geraadpleegde archiefstukken.

Rehabilitatie moet zoals blijkt uit deze stukken vooral worden gezien als het hersteld worden in diverse burgerrechten, die (militaire)collaborateurs waren ontnomen door de hoven en tribunalen van de Bijzondere Rechtspleging, zoals het recht om te mogen dienen in de gewapende macht en het stemrecht; dus vooral een formele handeling die, net als de formele bestraffing in dat opzicht, niet per se gelijk hoefde te staan aan persoonlijk eerherstel of een maatschappelijke 'rehabilitatie'. Men was en bleef immers 'fout'. Bovendien gaat het hier om een besluit dat de minister pas in 1947 heeft genomen. Weliswaar betekende dit een dikke meevaller voor de mannen in kwestie, maar geen alternatieve bestraffing.

Dit eerste scenario lijkt van toepassing op verschillende van de door mij bestudeerde militairen, waaronder Willem Henderik Zinkstok. Deze man trad in oktober 1946 als oorlogsvrijwilliger in dienst, en vertrok eind april 1946 naar Indië. Ook tussen de verschillende reacties op het artikel, *Het litteken van het scheermes*, bevindt zich een opmerking die naadloos lijkt aan te sluiten bij dit scenario, afkomstig van een man die zich 'Adjudant P.' noemt:

'Even verderop lag het bataljon V-10 R.I. onder majoor Vroom. Bij die troep zaten SS'ers. Ze dienden daar om gevangenschap te *ontlopen*[mijn cursivering]'.

Bij nadere inspectie blijkt deze eenheid deel uit te hebben gemaakt van de 3ᵉ divisie *Drietand*, en te hebben bestaan uit dienstplichtigen van de lichting 1947 die juist de plaats van de O.V.W.-bataljons moest overnemen.[144] Dit ogenschijnlijke 'probleem' zou kunnen worden opgelost, wanneer blijkt dat er zich ook tussen de uitgezonden dienstplichtigen oud-SS'ers bevonden die als vrijwilligers hebben geprobeerd om aan vervolging te ontkomen. Dan blijft het wel vreemd dat deze mannen pas in 1947 dienst hebben genomen om aan vervolging te ontsnappen. Een andere verklaring is dat 'Adjudant P.' het bij het verkeerde eind heeft, en dat deze SS'ers daar niet zaten om gevangenschap te ontlopen, maar gewoon als dienstplichtige waren opgeroepen.

In het kader van dit scenario is het ook interessant om de ex-NSKK'er Constant Magnee uit Arnhem en Willem Jan Moolenbel uit Den Haag te noemen. Beide dienden als dienstplichtig militair in Indië, terwijl tijdens hun uitzending in Nederland een onderzoek werd opgestart naar hun vermeende militaire collaboratie tijdens de Tweede Wereldoorlog.

Uit het CABR dossier van Magnee: De politieke Recherche verzoekt op 11 oktober 1947 aan de Minister van Oorlog om: "de thans als dienstplichtig sergeant dienen-

---

144 M. Elands & J.A. de Moor (ed.), *Het Nederlandse militaire optreden in Nederlands-Indië/Indonesië 1945- 1950.Een bibliografisch overzicht* (Den Haag 2004), 21.

de Robert Magnee terug te laten keren uit Indië om ter beschikking van de politieke recherche te komen. Dit ivb. Met een onderzoek naar het lidmaatschap van Magnee bij de NSB en dienst bij het NSKK. ".[145] Magnee blijft tot 27 mei 1947 in Indonesië, en gaat in augustus dat jaar als Sergeant Majoor Instructeur met groot verlof.[146]

Tegen Moolenbel loopt in 1948 een onderzoek door de politieke recherche te Den Haag. Deze verzoeken bij het Ministerie van Oorlog om inlichtingen te verstrekken betreffende het gedrag en de wijze van dienen van de soldaat J. Moolenbel. Het antwoord luid: "dat betrokkene, die sedert 14 juni 1947 in Indonesië vertoeft, aldaar op niet onbevredigende wijze zijn dienst verricht en geen aanleiding heeft gegeven tot bijzondere klachten omtrent zijn gedragingen". Pas op 14 april 1950 wordt Moolenbel verhoord in het kader van deze zaak. Tijdens dit verhoor verklaart hij o.a. tijdens het laatste jaar van de bezetting te hebben gediend bij de *Luftwaffe* en als dienstplichtig militair tot 12 maart 1950 in Indonesië te zijn geweest. [147]

De casuïstiek van Moolenbel en Magnee toont aan dat verschillende militaire collaborateurs bij de Koninklijke Landmacht onder de wapenen zijn gekomen, omdat het

145 Centraal Archief Bijzondere Rechtspleging, CABR 104399 (PRA Den Haag, dossiernummer 5969/IA/47) CABR 74181 (PARKET Den Haag, dossiernummer 14).
146 Koninklijke Landmacht, staat van dienst Constant Robert Magnee.
147 Centraal Archief Bijzondere Rechtspleging, 74254 (PARKET Den Haag, dossiernummer 192).

onderzoek tegen hen op het moment van inlijving nog niet was gestart of nog niet had geleid tot een veroordeling. Hoewel de twee heren in kwestie beide als dienstplichtige onder de wapenen zijn gekomen, lijkt het voor de hand liggend dat zich ook onder de OVW'ers voormalige militaire collaborateurs bevonden die simpelweg nog niet waren vervolgd. Ook Pieter Klaas Smit, waarover later meer, is in deze context interessant om te noemen. Hij melde zich in november 1945 als OVW'er bij de Koninklijke Landmacht voorafgaand aan zijn veroordeling door het Bijzonder Rechtshof. Na zijn veroordeling werd hij voor 10 jaar ontzet uit het recht om te dienen bij de gewapende macht, en daarom ook ontslagen.[148]

1.3 Dienstplicht

Dienstplichtwet 1922
Wie dienstplichtig was en op welke gronden hiervan kon worden afgeweken lag vastgelegd in de Dienstplichtwet uit 1922. In deze wet worden allerhande specificaties en uitzonderingsituaties rondom de dienstplicht minutieus uit de doeken gedaan. In artikel 4 van deze wet wordt beschreven wie "zo spoedig mogelijk uit den dienst ontslagen" moeten worden. Daaronder vallen onder andere personen "wie het recht om bij de gewapende macht te dienen is ontzegt".[149] Hetzelfde lid van dit artikel stelt ook dat het mogelijk is om gratie te krijgen op dit punt, waarna men alsnog mag dienen als militair. Artikel 44,

---

148 Koninklijke Landmacht, Staat van dienst Pieter Klaas Smit.
149 Dienstplichtwet 1922, artikel 44, 1 lid E.

punt 2 stelt tevens dat na het verstrijken van de periode van ontzegging of in het geval van gratie, betrokkene alsnog als militair kan worden ingelijfd.[150]

Artikel 44.
1. Met afwijking van de bepalingen van het vorige artikel wordt zoo spoedig mogelijk uit den dienst ontslagen de dienstplichtige:
   a. die wegens te geringe lichaamslengte of wegens ziekte of gebreken blijkt voorgoed ongeschikt te zijn voor den dienst;
   b. die van den dienstplicht wordt vrijgesteld om de redenen, genoemd in art. 15, eerste lid, onder 2;
   c. die van den dienst wordt uitgesloten;
   d. die bij wijze van krijgstuchtelijken maatregel uit den dienst moet worden weggezonden;
   e. wien tijdelijk het recht is of wordt ontzegd om bij de gewapende macht of als militair geëmployeerde te dienen, of die tijdelijk van dat recht is of wordt ontzet, met dien verstande, dat hij alleen in bijzondere gevallen, ter beoordeling van de minister, opnieuw ingelijfd, mits de ontzegging of de ontzetting, hetzij door verstrijken van den daarvoor bepaalden termijn, hetzij ten gevolge van verleende gratie een einde heeft genomen.[151]

Het tweede scenario draait dan ook om de dienstplicht. Op basis van bovenstaande informatie afkomstig uit de dienstplicht wet zouden, tenminste de veroordeelde colla-

---

150 Dienstplichtwet 1922, artikel 44, 2.
151 Dienstplichtwet 1922, artikel 44.

borateurs, niet in aanmerking komen voor het mogen vervullen van de dienstplicht. Het klinkt onwaarschijnlijk, maar verscheidene oud-SS'ers en andere militaire collaborateurs ontvingen na de Tweede Wereldoorlog gewoon een oproep voor militaire dienst. Zij werden vervolgens als lid van hun cohort opgeleid en uitgezonden naar Nederlands-Indië, of gelegerd in een Nederlandse kazerne.

Dit scenario is onder andere van toepassing op Jan Niessen, die kort na zijn vrijlating uit Nederlandse gevangenschap, na daarvoor eerst anderhalf jaar in Russische krijgsgevangenschap te hebben doorgebracht, werd opgeroepen voor militaire dienst: 'Kort daarop werd ik opgeroepen als dienstplichtige en ging ik weer in militaire dienst. Dric jaar in Indië'. Begin 1947 kwam hij weer onder de wapenen bij de Koninklijke Landmacht.[152] In een andere, door hem zelf opgestelde, lezing van zijn verhaal schrijft Niessen dat hij 'Een hele tijd later, ik was alweer lang en breed in het Nederlandse leger, kreeg ik een schrijven met de uitspraak [van de Bijzondere Rechtspleging] anderhalf jaar met aftrek van de in Russische gevangenschap doorgebrachte tijd'.[153]

Dat lijkt opmerkelijk, want Peter Schumacher schrijft juist over de frustratie onder CPN-leden dat 'hun jongens' als dienstplichtigen werden opgeroepen om te gaan vechten in Indië, terwijl 'foute' jongens niet in dienst zouden hoeven: 'Overigens kwamen NSB'ers, noch hun oud-

---

152 Verrips, *Mannen die niet deugden*, 127-129.
153 J. Niessen, *Jeugdsentiment en crisistijd* (2001); opgenomen in de bronnenreader voor de cursus *Mythen en Werkelijkheid, Nederlandse SS'ers aan het Oostfront* (UVA 2013-2014), samengesteld door C. Kleijn.

ste zoons, in aanmerking voor uitzending als dienstplichtig militair naar Indië, omdat zij als 'staatsgevaarlijk', of op z'n minst als politiek onbetrouwbaar werden gezien.'[154] Jan Niessen zelf was weliswaar geen NSB'er, maar zijn in 1942 omgekomen vader was dat wel.[155] Bovendien had Niessen bij de Waffen-SS gediend aan het Oostfront. Desondanks werd hij als dienstplichtige opgeroepen. Dat roept vervolgens de vraag op of Schumacher fout zit met zijn bewering, of dat Niessen een uniek geval is.

Dat Niessen's geval niet uniek is, blijkt uit het feit dat er zich, volgens Jaques Bartels, in zijn onderdeel ten minste acht mannen met een 'gemengde carrière' bevonden, en deze groep ook in andere onderdelen van hetzelfde regiment was vertegenwoordigd.[156] Uit het biografische portret *Mannen die niet deugen,* blijkt dat bij Niessen zelf het vermoeden bestond 'niet de enige' te zijn. Dat wordt achteraf dus bevestigd door Bartels. Een van onze andere bestudeerde personen, Willem Timmers, liet in de jaren '60 aan Sytze van der Zee weten dat ten minste één van zijn kameraden uit de Waffen-SS als dienstplichtige is uitgezonden naar Nederlands-Indië.[157]En ook de eenheid waarnaar Van Esterik verwijst in zijn artikel *Het litteken van een scheermes* bestond uit dienstplichtigen. [158] Van Esterik gaat helaas niet verder op dit gegeven in. Mogelijk was hij hier zelf niet van op de hoogte.

---

154 Schumacher, *Ogenblikken van genezing*, 151.

155 Bartels, *Tropenjaren: Patrouilles en ploppers*, 449.

156 Bartels, *Tropenjaren: Patrouilles en ploppers*, 443.

157 Van der Zee, *Voor Führer volk en vaderland*, 265.

158 Het bataljon 3-Garde Regiment Grenadiers, was, afgaand op het overzicht gegeven in het bibliografisch overzicht van J.A. de Moor, een dienstplichtige eenheid.

De vraag die dit oproept, zeker nadat we hebben gezien dat de regering ervoor terugdeinsde om expliciet soldaten te werven uit de groep militaire collaborateurs, is: hoe is het mogelijk dat deze 'landverraders' gewoon werden opgeroepen om krijgsdienst te verrichten? De periode waarin de eerste lichtingen dienstplichtigen zijn opgeroepen ligt bijzonder kort na het einde van de oorlog, waardoor een groot deel van het totaal aan verdachten van militaire collaboratie zich op dat moment nog bevond in een internering- of heropvoedingskamp. De groep die wel voor militaire dienst is opgeroepen zal dus, ofwel aan de Bijzondere Rechtspleging en internering zijn ontsnapt of reeds de toegewezen bestraffing hebben ondergaan. Het idee dat in gevangenschap verkerende personen zouden zijn opgeroepen of geronseld komt nogal ongeloofwaardig over, bovendien: als dat gebeurd zou zijn, dan hadden Willem Timmers, Jan Folmer of Jan Montijn daar vast wel iets van gemerkt en over geschreven.

Niessen en meerdere mannen met hem werden dus ondanks hun SS-verleden als dienstplichtige opgeroepen. Omdat hij wel door de Bijzondere Rechtspleging was vervolgd en veroordeeld voor zijn diensttijd bij de *Waffen-SS*, ligt voor de hand dat de (militaire) overheid hiervan op de hoogte moet zijn geweest. Hier is, willens en wetens, sprake van een andere situatie dan in het geval wanneer het verleden van een 'foute' oorlogsvrijwilliger naar buiten zou komen, en 'men' een oogje toekneep. Maar hoe kwam Niessen als veroordeelde militaire collaborateur in aanmerking om opgeroepen te worden? Op grond van de wet van op het Nederlanderschap en ingezetenschap uit 1892 zou hij feitelijk stateloos moeten zijn. Artikel 7.4

van deze wet stelt immers dat 'Nederlanderschap wordt verloren door zonder Ons verlof zich te begeven in vreemde krijgs- of staatsdienst'.

Zonder als Nederlander te boek te staan kan men wettelijk niet worden opgeroepen voor Nederlandse Krijgsdienst. Bovendien werden veroordeelde militaire collaborateurs als onderdeel van hun voorwaardelijke invrijheidstelling voor de duur van 10 jaar ontzet uit het recht om te mogen dienen bij de gewapende macht. Hoogstwaarschijnlijk heeft Niessen, ondanks zijn veroordeling, zijn Nederlandse nationaliteit dus kunnen behouden. Een mogelijke verklaring hiervoor is volgens Bartels dat in het vonnis van Niessen over het verlies van Nederlanderschap met geen woord wordt gerept. Hiervoor was volgens A.D. Belinfante in zijn bijzonder uitgebreide studie over de Bijzondere Rechtspleging, *In plaats van Bijltjesdag*, ook geen uitspraak van een rechter nodig. Dit gebeurde namelijk 'automatisch' bij het in vreemde krijgs- of staatsdienst treden.[159]

Jeugdgeval

De berechting van civiele en militaire collaborateurs in de nasleep van de Duitse capitulatie, vond plaats door de hoven en tribunalen van de Bijzondere Rechtspleging. De achterliggende gedachte was dat deze groep zodoende sneller zou kunnen worden berecht dan via de normale rechtsgang en dat, gezien het bijzondere karakter van de ten laste gelegde feiten, ook een bijzondere strafmaat kon worden gehanteerd. Zo werd, in het kader van de Bijzondere Rechtspleging, bijvoorbeeld de doodstraf opnieuw

---

159 Belinfante, *In plaats van bijltjesdag*, 589.

ingevoerd en werd een aantal Nederlandse SS'ers ter dood veroordeeld. Drie van hen zouden ook werkelijk ter dood worden gebracht.[160] Op deze manier moest worden voorkomen dat 'het volk' zelf voor eigen rechter zou gaan spelen; de gevreesde *Bijltjesdag* die nooit zou komen.

Bij de berechting van 'jeugdige delinquenten' zoals Niessen, jongens die op minderjarige leeftijd dienst namen bij de Waffen-SS (Niessen was pas 15 jaar oud toen hij zich in 1943 aanmeldde)[161] en andere 'wapendragers', is nadat de eerste 'volkswoede' bekoeld was geraakt, relatief mild omgegaan met het toepassen van het strafrecht. Hierover schrijft Koost Groen in *Fout en niet goed*:

'De lankmoedigheid waarmee de SS'ers en matrozen van de Kriegsmarine zijn berecht, is opmerkelijk, het geheel overziend. Dat bij de omvang van het misdrijf van in vreemde krijgsdienst treden niet elke overloper de maximumstraf, te weten de doodstraf, kon krijgen, is duidelijk. Wie aan het Oostfront sneuvelde, had achteraf gezien pech gehad. Het overgrote deel van de overlevenden komt er zeer genadig van af. Langer dan vijf jaar heeft praktisch geen enkele Oostfrontstrijder gezeten.'[162]

Ondanks aanvankelijke, maar nooit doorgevoerde, voorstellen om alle Nederlandse *Waffen-SS*'ers ter dood te ver-

---

160 Pierik, *Van Leningrad tot Berlijn*, 326.
161 Niessen, *Jeugdsentiment en crisistijd*.
162 K. Groen, *Fout en niet goed. De vervolging van collaboratie en verraad na de Tweede Wereldoorlog*(Hilversum 2009), 482.

oordelen, kwamen zij er in de meeste gevallen vrij gunstig van af.[163] Dat geldt in het bijzonder voor de zogenaamde 'jeugdige delinquenten'.

Hier kan worden gewezen op de bijzondere aandacht die uitging naar de (mildere) bestraffing van deze groep met het oog op de reïntegratie in de samenleving. Desgevraagd verklaarde NIOD-historica Ismee Tames, gespecialiseerd in de omgang met politieke delinquenten in de periode na de Tweede Wereldoorlog, dat zij vermoedde dat deze groep 'het Nederlanderschap' heeft kunnen behouden[164]; een vermoeden dat overeenkomt met het beeld dat tot dusverre is ontstaan bij het bestuderen van bronnen en literatuur. Uit haar (Tames) studie, *Een doorn in het vlees*, blijkt echter ook dat er administratief wel eens wat mis ging bij het afgenomen burgerrechten van oud-NSB'ers en dus mogelijk ook rondom het afnemen van de Nederlandse nationaliteit.[165] Bovendien is het ook wel voorstelbaar dat de bureaucratische administratie van de Bijzondere Rechtspleging en het Ministerie van Oorlog onvoldoende op elkaar afgestemd waren, waardoor de aanwezigheid van ex-SS'ers in Nederlands-Indië zou kunnen worden verklaard als een bestuurlijke dwaling.

Toch bestaat er grond om te vermoedden dat Niessens oproep voor militaire dienst niet simpelweg kan worden afgedaan als een eenvoudige administratieve fout. Nadat de procureurs fiscaal van de Bijzondere Rechtspleging al

---

163 Belinfante, *In plaats van bijltjesdag*, 342.
164 Persoonlijke correspondentie met mevrouw Tames, E-mail: 27/01/2014.
165 I. Tames, *Doorn in het vlees. Foute Nederlanders in de jaren vijftig en zestig* (Amsterdam 2013), 123-124.

in de periode augustus-september 1946 hadden besloten om over te gaan op individuele berechting van gevallen van militaire collaboratie, waarin jeugdige leeftijd bij indiensttreding werd aangemerkt als tot straf verminderende omstandigheid. Op 15 januari 1947 besloten de procureurs-generaal, op aandringen van de minister van Justitie, dat:

'[...] in 1925 of later geboren delinquenten al dan niet voorwaardelijk buiten vervolging gesteld zouden worden. Ten aanzien van de in 1923 en 1924 geborenen zal door de procereur-fiscaal van geval tot geval worden beslist, of zij als jeugdigen zouden worden behandeld(...)Dit heeft er dus toe geleid, dat jeugdigen in het vervolg in het geheel niet meer zouden worden berecht: noch door een bijzonder gerechtshof, nog door een tribunaal.'[166]

Met andere woorden, personen die als 'jongere' dienst hadden genomen bij de *Waffen-SS* of een ander Duits krijgsmachtsonderdeel werden na januari 1947 buiten vervolging gesteld, wat betekent dat al eerder veroordeelde 'jongeren' via het hof van cassatie hun veroordeling ongedaan gemaakt konden laten krijgen. Vanwege hun jeugdige leeftijd waren deze mannen in de ogen van de minister van Justitie blijkbaar niet in staat geweest om de consequenties van hun handelen te overzien. Deze personen werden nog wel enige tijd onder toezicht geplaatst van een 'toezichthouder', een vrijwilliger van de *Stichting Toezicht Politieke Delinquenten*. Deze stichting moest

---

166 Belinfante, *In plaats van bijltjesdag*, 345.

fungeren als een soort reclasseringsinstelling.[167] De manier waarop dit gebeurde, lijkt echter van geval tot geval te verschillen.[168]

Deze omslag in de Bijzondere Rechtspleging betekende ook dat deze personen hun Nederlandse nationaliteit niet verloren hoewel dat het automatische gevolg had moeten zijn van hun in dienst treden bij een buitenlands krijgsmachtsonderdeel, op grond van de *Wet op het Nederlanderschap en ingezetenschap* uit 1892. Deze opvatting wordt door Ismee Tames ondersteund aan de hand van een door haar beschreven ander 'jeugdgeval': 'De oud-SS'er bleek een jeugdgeval te zijn geweest, had daarom zijn Nederlanderschap niet verloren en gewoon in dienst gekund.'[169]

Jan Niessen, geboren in 1927, valt zonder twijfel in deze categorie 'jongeren'. Op grond van zijn jeugdige leeftijd en rekening houdend met zijn tijd als krijgsgevangene in de Sovjet Unie, wordt hij veroordeeld tot één jaar voorwaardelijke gevangenschap.[170] Zijn veroordeling vond plaats op 8 november 1946, dus net in de periode waarin werd overgeschakeld op bestraffing van individuele gevallen, maar voor het 'besluit 15 januari'. Dit betekende dat hij vrijwel direct na zijn veroordeling het gevangenenleven vaarwel kon zeggen. Dat zien we ook terug in de uitspraak van het Bijzonder Gerechtshof bij de behandeling van zijn zaak:

---

167 Belinfante, *In plaats van bijltjesdag*, 594.
168 Tames, *Doorn in het vlees: De bureaucratie en de voormalige politieke delinquenten.*
169 Tames, *Doorn in het vlees*, 402.
170 Bartels, *Tropenjaren: Patrouilles en ploppers*, 444. Vgl. Verrips, *Mannen die niet deugden*, 123.

'30 oktober 1946 Dagvaarding Rol 0539 "Overwegende, dat het bewezen verklaarde oplevert: "ALS NEDERLANDER VRIJWILLIG IN KRIJGSDIENST TREDEN BIJ EENE BUITENLANDSE MOGENDHEID, WETENDE DAT DEZE MET NEDERLAND IN OORLOG IS" strafbaar krachtens de artikelen 101 van het wetboek van strafrecht, 11 van het besluit buitengewoon strafrecht ....Overwegende voor wat de straf betreft dat verdachte toen hij in dienst trad bij de Waffen SS den leeftijd van 16 jaren juist had bereikt en het derhalve aannemelijk is dat hij noch de betekenis, noch de draagwijdte van zijn daad voldoende heeft beseft....overwegende, dat dit te gereeder kan worden aangenomen, daar verdachte volgens zijn opgave ter terechtzitting te voren op aandrang van zijn vader, die lid der NSB was, lid van den Nationalen Jeugdstorm was geweest en op zeer jeugdigen leeftijd in een verkeerden geest is opgevoed.....Veroordeelt den verdachte tot een gevangenisstraf van één jaar. Beveelt dat de straf niet zal worden ondergaan, tenzij het hof anders mocht gelasten op grond dat de veroordeelde zich voor het einde van een bij deze op drie jaren bepaalde proeftijd aan een strafbaar feit heeft schuldig gemaakt of niet mocht hebben nageleefd de hier onder gestelde bijzondere voorwaarde;

Het hof stelt als bijzondere voorwaarde, dat de verdachte zich zal stellen onder toezicht van de stichting politieke delinquenten te 's graven Hage en zich naar haar aanwijzingen zal gedragen 'draagt aan genoemde stichting op aan den veroordeelde ter zake van de naleving der bijzondere voorwaarde hulp en steun te verlenen 'spreekt den verdachte vrij van hetgeen hem primair of anders is te laste gelegd dan hierboven als bewezen is aangenomen.'[171]

Door zijn gedwongen verblijf in de Sovjet-Unie heeft Jan Niessen dus kunnen profiteren van een verminderde strafmaat. Getuige hiervan is niet alleen het 'besluit 15 januari', maar ook een over de hele linie, met het verstrijken van de tijd verminderde strafmaat voor oud-collaborateurs.[172] De 'volkswoede' die door de Bijzondere Rechtspleging in toom had moeten worden gehouden, was langzaam wat tot bedaren gekomen. Ook Jan Folmer vormt een fraaie illustratie van die ontwikkeling; tegen hem werd, naar eigen zeggen, aanvankelijk de doodstraf geëist. Uiteindelijk werd het 'slechts' drie jaar detentie.[173]

De typering 'jeugdgeval' duikt ook op in verband met de oud-SS'ers die als vrijwilliger naar Korea vertrokken, een volgend scenario waar later op in zal worden gegaan. Naar aanleiding van het in de openbaarheid treden van een ex-SS'er en Koreaveteraan die later als instructeur bij de Landmacht was aangesteld, tijdens een radio interview in 1968, reageerde het Ministerie van Defensie op die uitzending met een veelzeggende verklaring.[174] Van deze verklaring was geen overgebleven exemplaar te achterhalen, waardoor alleen de beknopte weergave beschikbaar is, zoals deze destijds werd overgenomen door de pers. De

---

171 Centaal Archief Bijzondere Rechtspleging, dossier 72140, Johan Louis Hubert Niessen, veroordeling.
172 Belinfante, *In plaats van bijltjesdag*, 326.
173 Gerritse, *De verzetsvrouw en de SS'er*, 207.
174 VARA, *Uitlaat*, 1968.

strekking van deze verklaring, overgenomen uit *Het Vrije Volk* van 27 juni 1968, is de volgende: 'Oud-SS'ers die tijdens hun dienstneming aan het Oostfront nog minderjarig waren, konden zich in 1952 nog rehabiliteren door dienstneming in het Nederlandse regiment der Verenigde Naties in Korea. Hadden zij die dienst volbracht, dan moest men hen inderdaad als gerehabiliteerd beschouwen. Zij konden dus- naar de opvatting van de regering in 1952 en 1953- ook worden aangesteld in het leger'.[175] De man in kwestie was op zijn zestiende naar het Oostfront vertrokken. Ook hier ging het dus om 'jeugdgevallen', die op een coulante behandeling konden rekenen omdat zij destijds als minderjarige in dienst waren getreden, en de consequenties van die actie niet hadden kunnen overzien.

De coulante omgang met 'jeugdige' wapendragers is opvallend, wanneer blijkt dat de grens van de groep 'jongeren' nogal eens wordt opgerekt:

'[...]medio 1948 krijgt een commissie, bestaande uit rechters en officieren van justitie, van minister mr. Th.R.J. Wijers, oud-president van het Bossche Bijzonder Hof, de opdracht om de positie van de jonge SS ers (geboren na 1918) [mijn onderstreping] nog eens te bezien. Er zitten dan nog 5000 'wapendragers', zoals ze eufemistisch worden genoemd, onveroordeeld in de kampen. De commissie beslist, met instemming van de minister, dat van de 5000 nog 500 zullen terechtstaan. De resterende 4500, die 'zich in mindere mate aan misdrijven schuldig

---

175 'Oud SS'ers in Korea in eer hersteld', *Het Vrije Volk,* 27-06-1968. Vgl. Tames, *Doorn in het vlees,* 273 noot 202.

hadden gemaakt', worden voorwaardelijk buiten vervolging gesteld.'[176]

Met het oprekken van de classificatie 'jongere' ten opzichte van het eerdere besluit uit 1947, waarin aanvankelijk minderjarigheid bij dienstneming als ondergrens wordt aangehouden, en later alle na 1918 geboren militaire collaborateurs worden aangeduid, worden dus nog eens 4500 'oudere jongeren' buiten vervolging gesteld.

Voormalige militaire collaborateurs die dienst deden in Korea zullen dus hoogstwaarschijnlijk allemaal als 'jeugdgeval' zijn aangemerkt. De voorwaarden waaraan voldaan moest worden om voor de kwalificatie jeugdgeval, en dus voor volledig herstel in burgerrechten door het verrichten van krijgsdienst in Korea, in aanmerking te komen, lijken volgens het bovengenoemde bericht overeen te komen met de in 1947 door de Bijzondere Rechtspleging gestelde voorwaarden, en het latere besluit uit 1948 waarover Koos Groen schrijft. Van Willem Timmers is het vermoedelijke geboortejaar 1925 bekend. Ook Jan Montijn (1924), Jan Franken uit Haarlem (1929) en Jan Folmer (1923) passen wat leeftijd betreft zonder meer in de categorie 'jeugdgeval'. Naast deze 'oude bekenden' vallen eigenlijk bijna alle bekende oud-SS'ers en militaire collaborateurs die naar Korea gingen, voor zover hun geboortedatum bij dit onderzoek bekend is, binnen de categorie jeugdgevallen; zoals soldaat Martinus Gijsbertus Beijerinck (1926) die op 26 juli 1953 in Korea sneuvelde, Willem Hendrik Zinkstok (1927), Henri Pierre Sonne-

---

176 K. Groen, *Fout en niet goed. De vervolging van collaboratie en verraad na de Tweede Wereldoorlog*(Hilversum 2009), 481-482.

ville (1928), en korporaal Jan Enninga(1928)[177]. Zo bezien wordt het ook duidelijk dat Montijn en Folmer inderdaad tot de 'ouderen' behoorden zoals Kooiman schrijft, maar dat terzijde.

Gewone dienstplicht voor bijzondere gevallen?
Dienstplichtigen worden opgeroepen in contingenten gebaseerd op het geboortejaar van de betrokkenen. Dat betekent automatisch dat alle dienstplichtigen van dezelfde lichting ongeveer even oud zijn. Voor het vormen van de eerste naoorlogse eenheden uit dienstplichtig personeel besloot het Ministerie van Oorlog om in het voorjaar van 1946 de lichting 1945, allen geboren in 1925, op te roepen. Zo kwam juist de groep buiten vervolging gestelde jonge militaire collaborateurs vrijwel direct weer onder de wapenen. Nadat de militairen uit deze lichting waren opgeleid en uitgezonden werd de volgende lichting, 1946 geboren in 1926, opgeroepen enzovoorts. Toen Niessens lichting in 1947 op moest komen was Niessen dus gewoon 'aan de beurt'.

Dit scenario kan ook worden herkend in de situatie die wordt geschetst in een verontwaardigd artikel met als ondertitel: *Het leger neemt het niet zo nauw*, uit *De Waarheid* van 9 juli 1947[178]. De auteur van dit artikel maakte zich boos dat een zekere S., op 25 april van dat jaar is opgeroepen om zijn militaire dienstplicht te vervullen. S. had zich op jeugdige leeftijd ingelaten met de SS, en was hiervoor in de Bijzondere Rechtspleging vervolgd en bestraft met een 10-jarige ontzetting uit het kiesrecht, het

---

177 Gegevens afkomstig uit nazoekingen C. Kleijn.
178 'SS'ers worden weer soldaat', *De Waarheid*, 09-07-1947.

recht om een ambt te vervullen en het recht om te dienen in de gewapende macht. Het moge duidelijk zijn dat deze termijn van tien jaar in 1947 nog bij lange na niet was verstreken. Desondanks werd S. opgeroepen en, zelfs na te hebben gewezen op zijn veroordeling, goedgekeurd voor militaire dienst. Ook deze S. past binnen het profiel van de groep 'jeugdige delinquenten' die, ondanks hun formele veroordeling, buiten verdere vervolging was geplaatst en moest worden opgenomen in de samenleving.

Ook het geval van oud-NSKK'er Bart Heusschen is in deze context interessant om aan te halen. Op 13 september 1946 wordt hij voorwaardelijk buiten vervolging gesteld in en krijgt hij een 10 jarig verbod om te dienen bij de gewapende macht. Op 22 oktober 1946 wordt dit besluit herroepen en wordt Bart opnieuw buiten vervolging gesteld, dit maal zonder het bovengenoemde verbod. Daarna opgeroepen voor militaire dienst, en als dienstplichtige uitgezonden naar Indonesië. Zijn toezichthouder van de STPD hiertegen bezwaar maakte bij het ministerie van oorlog, op basis van de uitspraak van 13 september. Dat bezwaar heeft initieel geen succes: "De ontzetting van het recht bij de gewapende macht te dienen te gebruiken om iemand de uitzending naar Indonesië te besparen, ligt echter niet op mijn weg."[179] Later wordt, zo blijkt uit de documentatie van zijn toezichthouder, uiteindelijk terug gehaald uit Indië en (onterecht) ontslagen uit militaire dienst op basis van een inmiddels herroepen veroordeling.

---

179 CABR dossier, 94987, B. Heusschen, 16 oktober 1946, stichting toezicht politieke delinquenten Mr. J. le Poole

In dit opzicht is ook het verhaal van Willem Timmers, geboren in 1925, interessant. Hij zou als onderdeel van zijn lichting immers in 1946 moeten zijn opgeroepen, maar dat is nooit gebeurd, omdat hij pas in 1948 vrijkwam. Het lijkt immers niet waarschijnlijk dat gedetineerden zijn opgeroepen voor het vervullen van militaire dienst. De verhalen van Niessen en S. uit Amsterdam laten immers zien dat 'jeugdgevallen' zelfs na te zijn ontzet uit het recht om te mogen dienen in de gewapende macht, na het uitzitten van hun detentieperiode gewoon konden worden opgeroepen voor het vervullen van hun dienstplicht. Ook het militaire dossier van de in 1926 geboren, in november 1946 'in werkelijke dienst' getreden en op 2 augustus 1949 gesneuvelde, oud SS-er uit Theodorus Smakman bevestigt dit scenario.

Een ander bijzonder geval, Hugo Neijenhuis, lijkt de sluitsteen in deze redenering. Neijenhuis geboren in 1926, dus een overduidelijk jeugdgeval, kwam in 1948 op vrije voeten. Gedurende de periode dat zijn lichting onder de wapenen kwam, bevond hij zich dus nog in gevangenschap. Zijn toezichthouder van de Stichting Toezicht Politieke Delinquenten vond echter dat Hugo's geval hiermee niet correct was afgehandeld, en ging in beroep. Neijenhuis was immers een jeugdgeval en zou als zodanig al in 1947 buiten vervolging moeten zijn geplaatst. Resultaat: Hugo werd hersteld in zijn burgerrechten, en tien maanden na zijn vrijlating alsnog opgeroepen voor militaire dienst.[180]

Bovendien is het, zeker gezien de manier waarop de

---

180 Hugo Neijnenhuis schrijft dit zelf op late leeftijd onder het pseudoniem 'HaeN' en "HaEn" op het webforum feldgrau.net

Bijzondere Rechtspleging omsprong met jeugdige gevallen, maar sterk de vraag in hoeverre de militaire collaborateurs allemaal uit het recht te mogen dienen in de
gewapende macht, zijn ontzet. Hier kan bijvoorbeeld
worden gewezen op de door A.D. Belinfante gepresen-
teerde cijfers aangaande de veroordeling door de Bijzondere Rechtspleging. Van de naar schatting 10.000 militaire collaborateurs, hoofdzakelijk *Waffen-SS*, die halverwege
1946 op Nederlands grondgebied vastzaten zijn slechts
6396 personen ontzet uit het recht om te dienen in de
gewapende macht.[181] Koos Groen spreekt in zijn uitgebreide studie naar de berechting van collaborateurs, *Fout
en niet* goed, over 6800 veroordeelde wapendragers.[182]
Dat komt dus neer op ruim 3000 buiten vervolging
gestelde of niet vervolgde wapendragers, zeer waarschijnlijk hoofdzakelijk 'jeugdgevallen'. Deze cijfers kunnen
gedeeltelijk worden verklaard aan de hand van het scenario dat mannen als Jan Niessen hebben doorlopen; het
buiten vervolging stellen van de in 1925 en later geborenen. Ook ontbreekt in een aantal gevallen dit verbod
simpelweg in de veroordeling van verschillende militaire
collaborateurs. [183]

Waar het dus op lijkt, is dat op grond van de speciale
benadering die werd toegepast bij het bestraffen van jeugdige politieke delinquenten door de Bijzondere Rechtspleging een situatie lijkt te ontstaan waarin ook (veroor-

---

181 Belinfante, *In plaats van bijltjesdag*, 584.
182 K. Groen, *Fout en niet goed. De vervolging van collaboratie en
    verraad na de Tweede Wereldoorlog*(Hilversum 2009), 387.
183 O.a. veroordelingen in CABR dossiers Polet, Heusschen, de
    Jong.

deelde) militaire collaborateurs, mits van de juiste leeftijd, gewoon voor 'hun nummer' konden worden opgeroepen. Dit blijkt ook uit de achtergrond waartegen de ooggetuige van Van Esterik acteert: het bataljon waarover zijn bron spreekt bestond immers uit dienstplichtigen, en de getuigenissen van twee anoniem gebleven aalmoezeniers. Eén van hen vertrok in 1949 met een bataljon dienstplichtigen naar Indië. In dit bataljon bevond zich naar zijn bevindingen tenminste een vijftal oud-SS'ers. De ander kwam als biechtvader op de hoogte van het verleden van onder zijn hoede verkerende dienstplichtigen, en beschouwde hen desondanks als onderdeel van zijn 'kudde'.[184] Historicus Lois Donkers stuitte bij toeval op dit verhaal in het kader van zijn eigen onderzoek naar de geestelijke verzorging van militairen in Nederlands-Indië, en het versterkt de indruk dat een aantal voormalige militaire collaborateurs gewoon als dienstplichtige is opgeroepen om te dienen in Nederlandse-Indië. Beter gezegd: het geeft een verklaring voor de vaak gemelde aanwezigheid van oud-SS'ers onder de Nederlandse dienstplichtigen in Nederlands-Indië.

Het blijft helaas onduidelijk hoeveel jongens in dit schuitje hebben meegevaren. Uitgaande van alle militaire collaborateurs geboren in de jaren waaruit de eerste naoorlogse lichtingen van de Koninklijke Landmacht voortkwamen, zou het toch om een aanzienlijke groep moeten gaan. Daarbij is het niet waarschijnlijk dat alle jongens die als minderjarige in Duitse krijgsdienst terechtkwamen, uiteindelijk gewoon voor hun nummer zijn opgeroepen, zoals

---

184 Interview met dhr.L. Donkers in het radioprogramma OVT, *VPRO*, 12-03-2000.

in de praktijk ook niet alle jongens van een opgeroepen lichting onder de wapenen komen. Verschillende verhalen van typische 'jeugdgevallen', zoals het biografische *Kind bij de Waffen-SS* over de lotgevallen van de Enschedese Arjen de Groot die na 'dolle dinsdag' ongewild in de *Waffen-SS* terechtkwam, reppen hierover met geen woord. Misschien dat het één en ander te maken heeft gehad met een extra grote behoefte aan militairen in de periode van de dekolonisatieoorlog, of misschien dat het toch gaat om een groep individuen die door de mazen van de wet zijn geslipt.

Persoonlijke staten van dienst

Als we kijken naar de beschikbare persoonlijke staten van dienst, zoals bijgehouden door het Ministerie van Defensie, valt hier iets op. De militaire loopbaan van de opgeroepen dienstplichtige in de staat van dienst begint doorgaans met de standaard regel: "Bij de Landmacht buiten zijn tegenwoordigheid ingelijfd als buitengewoon (of gewoon) dienstplichtige van de lichting 194X uit de gemeente… onder nr….." met daarbij de datum van inlijving.

In een aantal gevallen, o.a. bij Henry Pierre Sonneville, Pieter Klaas Smit en Jan Enninga, staat vervolgens vermeld dat betrokkene op grond van art.44 dienstplicht wet is ontslagen of dat betrokkene voor de duur van 10 jaar is ontzet uit het recht om te dienen bij de gewapende macht en derhalve ontslagen. Gevolgd door de datum waarop dit besluit is genomen. Het eerst volgende dat daarna volgt is dan de opmerking "ontzetting ingetrokken" waarna opnieuw wordt vermeld dat de persoon in kwestie "Bij de Landmacht buiten zijn tegenwoordigheid ingelijfd als…"

Met andere woorden, in de officiële documentatie van

de Koninklijke Landmacht zien we hier het beleid van de Bijzondere Rechtspleging om zogenoemde "jeugdgevallen" vervroegd te herstellen in ontnomen burgerrechten weerspiegelt. Daarmee is aantoonbaar dat de Koninklijke Landmacht na 1945 voormalige militaire collaborateurs als dienstplichtige heeft opgeroepen, als normaal onderdeel van hun leeftijdscohort.

Om dit beleid te illustreren kijken we naar Pieter Klaas Smit uit Amsterdam. Als we de zijn staat van dienst bij de Koninklijke Landmacht en zijn CABR dossier naast elkaar leggen zien we de volgende gang van zaken:

"-8/11/1945: verbonden als vrijwilliger op voet van gewoon dienstplichtige (SvD)
-1/9/1946: ontslagen uit militaire dienst (SvD)
-21 oktober 1946, voorwaardelijk buiten vervolging gesteld (CABR)[185]
-21/10/1946: ontzet uit het recht om bij de gewapende macht te dienen voor de duur van 10 jaren (SvD)
-1/6/1948: ingelijfd als Buitengewoon Dienstplichtige uit de gemeente Amsterdam (SvD)
-23/10/1950: Aangenomen, i.o. bij N.D.V.Naties verbonden als vrijw. O.v.v.g.d. voor de tijd van tenminste 1 jr teneinde deel uit te maken v.d. strijdkrachten welke ter beschikking van de ver.naties zijn gesteld."[186]
Smit heeft zich nog voor zijn veroordeling dus gemeld op 17 jarige leeftijd gemeld als vrijwilliger bij de Koninklijke

---

185 Centraal Archief Bijzondere Rechtspleging, PRA Amsterdam, dossiernummer 28615, Pieter Klaas Smit.
186 Koninklijke Landmacht, Staat van dienst, Smit, Pieter Klaas.

Landmacht. Terwijl hij in dienst is wordt hij veroordeeld en ontslagen, waarbij hij voor 10 jaar wordt ontzet uit het recht om te mogen dienen in de gewapende macht. In 1948, het jaar waarin hij 20 jaar wordt, en bovendien na het "besluit 17 januari 1947" wordt Smit gewoon ingelijfd als Buitengewoon Dienstplichtige van zijn lichting.

Helaas ontbreekt het aan de noodzakelijke concrete informatie om over de omvang van deze groep verdere uitspraken te kunnen doen. Bovendien lijkt het, zelfs al zou een volledig overzicht van alle militaire collaborateurs bestaan, onbegonnen werk om aan de hand van een dergelijke lijst alle bataljons dienstplichtigen uit te pluizen. Het uitgebreide verhaal van Jan Niessen vormt in ieder geval een persoonlijke noot ter illustratie van dit tweede scenario dat de aanwezigheid van militaire collaborateurs als dienstplichtige bij de Koninklijke Landmacht op een navolgbare wijze verklaard.

Een interessante aanvulling op dit scenario is dat deze situatie zich niet uitsluitend in Nederland schijnt te hebben voorgedaan. De Deen Vagner Kristensen bijvoorbeeld, diende tijdens de Tweede Wereldoorlog in het *SS-Frikorps Danmark* aan het Oostfront, na zijn thuiskomst werd hij veroordeeld en gevangengezet. Vervolgens werd hij bijna direct na zijn vrijlating als dienstplichtige ingelijfd in het Deense leger. Later zou hij naar Canada verhuizen, en ook daar een werken als militair.[187]

Bij de Commando's: Jan Franken uit Haarlem

Ook over de aanwezigheid van oud-SS'ers onder de

187 J. Trig, *Hitlers Vikings. The history of the Scandinavian Waffen-SS* (2010, Glostershire), 261.

Nederlandse militairen die namens de VN werden uitgezonden naar Korea bestaat de nodige onduidelijkheid. Een mooie overgang tussen de dienstplichtigen in Nederlands-Indië en de vrijwilligers in Korea is Jan Franken , geboren in 1929. Onze kennis over Jan is afkomstig uit een biografisch portret in het *Haarlems Dagblad* van zaterdag 20 juni 1998, en deze informatie is helaas bijzonder beperkt.[188] Zijn leeftijd weten we wel, en die lijkt ook hem te kwalificeren als een typisch jeugdgeval. Uit dit portret blijkt verder : als minderjarige kwam hij, na vanwege 'dolle dinsdag' uit zijn geboorteplaats te zijn geëvacueerd naar Oostenrijk, samen met talloze lotgenoten terecht in de *Waffen-SS*. In de laatste oorlogsmaanden werd hij ingezet aan het Oostfront en onderscheiden voor getoonde moed. Na de capitulatie van zijn eenheid verbleef hij enige tijd in Amerikaanse krijgsgevangenschap, en keerde daarna terug naar Nederland. Een paar jaar en verschillende interneringskampen en opvanghuizen voor jeugdige delinquenten later, kwam hij in 1948 vrij.

Jan Franken werd vervolgens, zoals gebruikelijk in het jaar van de twintigste verjaardag (dus in 1949), opgeroepen voor militaire dienst en kwam terecht bij de Commando's in Roosendaal. 'Tot mijn verbazing kreeg ik een oproep voor militaire dienst. Hoe dat nou kon, snapte ik niet, maar ik vond het prachtig.' Hij werd niet uitgezonden naar Nederlands-Indië, en daarmee vormt zijn verhaal een interessante aanvulling op het hier boven beschreven scenario; ook in niet uitgezonden eenheden konden

---

188   K. van der Linden, 'De bevrijding van een SS'er', *Haarlems Dagblad*, 20-06-1998.

zich dus voormalige militaire collaborateurs bevinden. Dat lijkt een indicatie dat niet via een slinkse omweg werd geprobeerd om zo veel mogelijk veteranen van het Oostfront in te zetten in Nederlands-Indië, om daar van hun ervaring te profiteren. Datzelfde zien we ook terug bij bijvoorbeeld Hugo Nijenhuis. Het verhaal van Jan Franken bevestigt daarmee het idee dat de 'jeugdgevallen' gewoon in dienst kwamen zonder enig onderscheid van hun leeftijdsgenoten. Na het aflopen van zijn diensttijd tekende hij bij om als beroepsmilitair onder de wapenen te blijven.

1.4 Vrijwillig naar Korea

Waar de eerste twee beschreven scenario's vooral betrekking hebben op de aanwezigheid van voormalige militaire collaborateurs tijdens de dekolonisatieoorlog tussen 1945-1949 in Nederlands-Indië, heeft het derde scenario betrekking op de inzet van het Nederlands Detachement Verenigde Naties tijdens de Korea-oorlog.

Na het beëindigen van de dekolonisatieoorlog in Indië, vond de eerst volgende gevechtsinzet van de Nederlandse krijgsmacht plaats in Korea. Eind juni 1950 viel het communistische Noord-Korea met veel geweld het westers georiënteerde Zuid-Korea binnen. Deze inval werd in het spanningsveld van de Koude Oorlog als een acute dreiging van het 'rode gevaar' geïnterpreteerd, en moest door de 'vrije wereld' worden gepareerd. Via de Verenigde Naties nam de Verenigde Staten van Amerika de leiding in de, uit dit streven geboren, eerste 'vredesmissie' onder de vlag van de VN. Hiervoor verzochten de Amerikanen de verschillende aangesloten landen om militaire steun, om zo duidelijk te maken dat de VS niet op eigen houtje ingrepen.

Aangemoedigd door een aanvankelijk succesvolle wervingscampagne, die in eerste instantie maar liefst 1670 vrijwilligers oplevert, zegt de Nederlandse regering de Amerikanen in de zomer van 1950 toe om naast enige marineschepen ook een volledig infanteriebataljon naar Korea te sturen. Ook Jan Folmer, Jan Montijn, Martinus Beijrinck, Willem Hendrik Zinkstok, Jan Enninga en Willem Timmers zullen uiteindelijk aan deze oproep gehoor geven, en als vrijwilliger naar Korea vertrekken. Een groot deel van de aanvankelijke aanmeldingen blijkt echter voort te komen uit een impulsieve reactie op de oproep van de regering, waardoor veel van deze mannen wanneer puntje bij paaltje komt al weer zijn afgehaakt. Na afloop van alle militaire keuringen staan eind september slechts 634 militairen klaar om te worden uitgezonden naar Korea; een volle compagnie te weinig voor een bataljon.[189]

Volgens historicus en publicist Robert Stiphout waren de militaire autoriteiten zich op voorhand bewust van de 'aantrekkingskracht' die het bataljon zou hebben op de groep militaire collaborateurs, die in 1950 net als het merendeel van de 'gewone' politieke delinquenten weer op vrije voeten was.[190] Stiphout schrijft hierover: 'De wervingsofficieren trekken van iedereen de antecedenten na. Ooit door een rechter veroordeeld? Fout geweest in de oorlog? Zo hoopt het leger te voorkomen dat Nederlanders die in de Tweede Wereldoorlog aan Duitse zijde vochten een plekje onder de troepen verwerven. Die willen maar wat graag naar Korea om net als onder de Duitsers te vechten tegen het communisme en om hun naam

---

189 Stiphout, *De bloedigste oorlog*, 29.
190 Tames, *Doorn in het vlees*, 7.

te zuiveren. Zij moeten wachten. Pas een half jaar later staat de regering toe dat ook 'politieke delinquenten' naar Korea vertrekken.'[191]

Ondanks dit aanvankelijke voorbehoud maakte Defensie uiteindelijk gretig gebruik van de hulp die door oud-SS'ers werd geboden om de gelederen van het NDVN te vullen. Korea veteraan Joop Glimmerveen zou achteraf in een brief aan de redactie van het veteranenblad *De opmaat* zelfs beweren dat 'vijf á tien procent van de Korea-vrijwilligers dienst gedaan [had] in de Waffen-SS of in aanverwante organisaties'. Hoe Glimmerveen tot deze schatting komt, blijft onduidelijk. Folmer zelf schatte het aantal op ongeveer één dozijn, dus aanzienlijk lager.[192] Om hoeveel mannen het uiteindelijk ging blijft onduidelijk, toch wekt het feit dat het voor dit onderzoek is gelukt om relatief eenvoudig een tiental personen (gedeeltelijk) te achterhalen wel het vermoeden dat het om een groter aantal moet zijn gegaan dan het door Folmer genoemde dozijn. Helaas bestaat er geen volledig overzicht van alle Nederlandse militaire collaborateurs, waardoor het niet mogelijk is om een dergelijke 'lijst' te vergelijken met een overzicht van alle in het NDVN uitgezonden militairen om tot een definitief aantal te geraken. In zijn boek *Vechten voor Vijand en Vaderland* concludeert historicus Gerrit Valk, als een *educated guess,* dat het aantal voormalige militaire collaborateurs in het NDVN ergens tussen de veertig en zeventig mannen heeft gelegen.[193]

---

191 Stiphout, *De bloedigste oorlog,*31.
192 Gerritse, *De verzetsvrouw en de SS'er*, 238-239.
193 Valk, *Vechten voor vijand en vaderland*, 62.

Incompleet vertrokken

Het incomplete bataljon, bestaande uit twee infanterie compagnieën (A & B), een ondersteuningscompagnie en een stafcompagnie, vertrok op 26 oktober naar Korea. De situatie ter plaatse liet geen tijd over om in Nederland de voltooiing van de eenheid af te wachten. Jan Folmer en Jan Montijn meldden zich allebei als vrijwilliger en kwamen beide terecht in de C-compagnie, de compagnie die in september 1950 ontbrak om een volledig bataljon te vormen en begin mei 1951 in Korea aankwam om het NDVN te completeren. Beide behoorden dus niet tot de eerste lichting, maar tot een aanvullingsdetachement omdat het op het moment van uitzenden ontbrak aan voldoende vrijwilligers om het toegezegde bataljon op volle sterkte te brengen.

Toch is het maar de vraag of het überhaupt gelukt is om die eerste lichting Korea-gangers vrij te houden van voormalige militaire collaborateurs. Volgens *De Waarheid* van 14 november 1950 bevonden er zich tenminste twee '*fascisten*' in deze eerste lichting: te weten "een zekere Bastiaan Herbert die diende in de Waffen-SS en een oud-NS-B'er genaamd Marion".[194] Ook de eerder genoemde Willem Hendrik Zinkstok vertrok op 26 oktober 1950, na in november 1949 te zijn 'ontheven van zijn verbintenis als oorlogsvrijwilliger'.[195] De eerder aangehaalde opmerking uit *De bloedigste oorlog* van Robert Stiphout moet dus met een korreltje zout genomen worden.

---

194 'Hoeveel S.S.'ers gingen er met het Korea detachement mee?', *De Waarheid*, 14-11-1950.
195 Persoonlijke staat van dienst, Z., Willem Hendrik.

In datzelfde nieuwsbericht eiste de redactie van *De Waarheid* de openbaarmaking van de persoonsgegevens van alle Korea-gangers, met als duidelijke doelstelling zo veel mogelijk 'foute' militairen publiekelijk aan de schandpaal te nagelen. Het Ministerie van Defensie gaf aan deze eis geen gehoor. Het is natuurlijk wel zo dat de Korea kwestie voor de communisten van *De Waarheid* bijzonder gevoelig ligt. Zij zouden van alles ondernemen om hun 'kameraden' uit Noord-Korea te ondersteunen, (in de hoop de publieke opinie in Nederland tegen de VN inzet op te stoken). Het bericht betekent eveneens dat er, in ieder geval bij een deel van de Nederlandse bevolking, weerstand bestond tegen de deelname van voormalige militaire collaborateurs aan de missie in Korea.

Hoe dan ook, onder de Nederlandse militairen die hebben gediend in Korea bevonden zich meerdere militaire collaborateurs, onder wie Willem Timmers, Jan Montijn en Jan Folmer. Het is goed mogelijk dat deze mannen zich vooral bevonden in de later geformeerde aflossing detachementen, bijvoorbeeld doordat Defensie het vanwege het gebrekkige aantal vrijwilligers steeds minder nauw ging nemen met de strenge selectiecriteria die aanvankelijk waren bedoeld om 'foute' mannen te weren, zoals Stiphout beweert. Dat is ook het vermoeden van A.J. van Meurs, de voormalige kolonel-arts die was toegevoegd aan het NDVN.[196] De dossiers van Johan Mulder en Willem Hendrik Zinkstok wijzen uit dat zich van meet af aan voormalige militaire collaborateurs in de

---

196 A.J. van Meurs in: P. Cohen en M van Haalen, *De voorste linie* (2006).

gelederen van het NDVN bevonden. Als het in de eerste instantie al niet direct lukte om een volledig bataljon uit testuren, dan zal het verzamelen van genoeg vrijwilligers voor hun aflossing, na een jaar in Korea te hebben gezeten, ook niet hebben mee gevallen. Dit is in ieder geval wel een mogelijke gevolgtrekking uit de opmerking van Robert Stiphout.

Willem Timmers behoorde vermoedelijk tot wel zo'n aflossingsdetachement. Hij werd namelijk opgeleid in Roosendaal, en zoals al eerder vermeld, bevonden er zich in zijn compagnie meerdere oud-SS'ers en andere militaire collaborateurs. De A en B compagnieën van de eerste lichting NDVN werden volgens Stiphout opgeleid in de Alexander-Kazerne te Den Haag, en hoewel de C- compagnie een deel van haar opleidingstijd in Roosendaal doorbracht, heeft Folmer gedurende zijn opleiding aldaar het idee 'alleen' te zijn. In de C compagnie was dus sprake van een heel andere situatie dan die door Willem wordt beschreven, waardoor het vermoeden ontstaat dat hij deel uit heeft gemaakt van een aflossingsdetachement dat werd nagestuurd om opengevallen plaatsen in te vullen.

Verzoek om 'eerherstel'
Het lijkt tijdens de Korea-oorlog een stuk onwaarschijnlijker dat de militaire overheid niet op de hoogte zou zijn van het collaboratie verleden van een aantal vrijwilligers, dan in het geval van de Indië-gangers. Deze mannen waren immers berecht en veroordeeld voor hun 'avontuur' in de oorlogsjaren, en na de aanvankelijke administratieve chaos in de nasleep van de bevrijding had de ambtenarij inmiddels al weer zo'n vijf jaar kunnen draaien. Dat Defensie

inmiddels op de hoogte was dat een aantal van de NDVN vrijwilligers was ontzet uit het recht om te mogen dienen in de gewapende macht, blijkt uit onder andere uit het militaire dossier van korporaal Jan Enninga.

Deze in 1926 geboren man had tijdens de Tweede Wereldoorlog gediend in de Waffen-SS. Zijn officiële staat van dienst bij de Landmacht begint op 1 augustus 1951, maar wordt voorafgegaan door de mededeling dat deze man met ingang van 21 oktober 1947 voor de duur van tien jaar is ontzet. Waaruit ontzet en op grond waarvan blijft onduidelijk, maar laat zich niet moeilijk raden. Blijkens zijn staat van dienst is deze ontzetting op 2 april 1951 ingetrokken, waarna hij in augustus dat jaar, en ruim voor het verstrijken van zijn ontzetting, bij het NDVN wordt ingelijfd.[197]

Jan Folmer maakte zich bij zijn aanmelding dan ook terecht 'zorgen' om zijn verleden: 'ik moest op mijn tellen passen, gewoon aanmelden en er niet omheen draaien als me iets zou worden gevraagd als: 'Bent u eerder onder de wapenen geweest? Ach…u heeft gezeten, waarvoor? Was u soms in vreemde krijgsdienst?' Maar ze vragen niets.'[198] Ook in zijn persoonlijke staat van dienst staat niets vermeld. Zijn latere 'ontmaskering' binnen de C-compagnie lijkt echter informeel te hebben plaatsgehad; maar daar kom ik later nog op terug.

Ook Willem Timmers was zich ervan bewust dat zijn verleden hem mogelijk in de weg zou komen te zitten, want toen hij in het voorjaar van 1948 buiten vervolging werd gesteld werd hem duidelijk gemaakt: 'ik was een vrij

---

197 Persoonlijke staat van dienst, E., Jan.
198 Gerritse, *De verzetsvrouw en de SS'er*, 211.

man. Ik mocht alleen tien jaar niet meer bij de gewapende macht dienen, niet stemmen en geen openbare functie bekleden'.[199] Dit rijtje ontzettingen uit verschillende burgerrechten sluit nauw aan bij de gangbare bestraffing voor politieke delinquenten, zo blijkt uit *in plaats van bijltjesdag*. Uit dat boek blijkt ook: 'De door de bijzondere gerechtshoven opgelegde ontzettingen uit rechten behoort tot de in het wetboek van strafrecht genoemde straffen. En van straffen is gratieverlening mogelijk.'[200] En dat laatste is volgens A.D. Belinfante redelijk vaak verleend aan mensen die op grond van deze veroordeling hun beroep niet langer konden uitoefenen.[201] Dus waarom zou dat ook niet zijn gegund aan mannen die na het uitzitten van hun straf naar Korea wilden gaan?

Willem Timmers verzocht alvorens hij zich aanmeldde voor Korea om 'eerherstel' zoals hij het zelf noemt. 'Ik had bij de minister een rekwest ingediend, omdat ik naar Korea wilde, met het vrijwilligers bataljon'.[202] Willem werd vervolgens zonder verdere problemen goedgekeurd en uitgezonden. Militaire collaborateurs, jeugdgeval of niet, waren immers ontzet uit het recht om te mogen dienen in de gewapende macht. En dus kan worden begrepen dat een aantal van hen via een dergelijke aanmeldingsbrief heeft geprobeerd om via een speciaal verzoek onder dit verbod uit te komen. In zijn boek *Montyn* maakt Dirk Ayelt Kooiman overigens geen melding van eventuele problemen en of verzoeken om eerherstel door Jan

---

199 Van der Zee, *Voor Führer volk en vaderland*, 264.
200 Belinfante, *In plaats van bijltjesdag*, 584.
201 Belinfante, *In plaats van bijltjesdag*, 585.
202 Van der Zee, *Voor Führer volk en vaderland*, 264-265.

Montijn. Ook Jan Folmer verklaarde later zich eenvoudig te hebben aangemeld, zonder zijn verleden ter sprake te brengen en te verzoeken om een rectificatievan zijn verbod om te mogen dienen bij de gewapende macht.

Niet alle voormalige militaire collaborateurs die zich als vrijwilliger bij het NDVN hebben aangesloten, hebben hiervoor dus een verzoek, waarin zij hun situatie uit de doeken deden, ingediend bij het Ministerie van Defensie. Het zou interessant zijn om deze verzoeken, voor zover zij wel zijn ingediend te bestuderen. Maar afgaande op een proces verbaal aangetroffen in de collectie *Nederlands Detachement Verenigde Naties in Korea* bij het Nationaal Archief, zijn de aanmeldingsbrieven van de oorlogsvrijwilligers in 1962 helaas vernietigd. Een en ander had te maken met de wettelijke vernietigingstermijnen.

Dergelijke verzoeken belandden bij het Bureau Bijzondere Rechtspleging. Hier werd volgens historica Ismee Tames van geval tot geval gekeken of aan het verzoek kon worden voldaan. Hierbij werd nadrukkelijk onderscheid gemaakt tussen zogenaamde 'lichte, ernstige en zware gevallen'. Verlies van de Nederlandse nationaliteit door vrijwillige krijgsdienst in de *Waffen-SS* werd gerekend als een 'licht geval' en 'die kregen [mits voldoende gemotiveerd] gemakkelijk hun rechten terug'.[203] In de context van de Koude-Oorlog achtte 'de politiek' een rancuneuze groep van tienduizenden stateloze en rechteloze burgers ongewenst en een potentiële voedingsbodem voor het verafschuwde communisme. Deze opvatting kreeg volgens Tames haar beslag in een coulante omgang met verzoeken om het herstel in bepaalde burgerrechten

203 Tames, *Doorn in het vlees*, 171-173.

van oud-politiek delinquenten, zonder de suggestie van rehabilitatie te wekken. 'Fout tijdens de oorlog bleef fout tijdens de oorlog'.[204] Formeel ging het hier dus niet om "eerherstel", maar het herstel in diverse burgerrechten.

Bovendien werd volgens Tames coulant omgegaan met 'jeugdgevallen'. Minderjarigheid bij dienstneming was ook het argument waarop Jan Folmer zich beriep in zijn verzoek om 'eerherstel'. Over het hoe en wat aangaande het teruggeven van burgerrechten bestonden volgens Tames echter geen officiële voorschriften, enkel richtlijnen waardoor in vergelijkbare gevallen niet altijd tot identieke oplossingen werd gekomen. Daarbij werden bepaalde factoren door dit bureau als zwaarwegend positief gewogen, waaronder een afkeer van het communisme.[205] De opvatting hierachter was, volgens Tames, een angst dat de oud-politiek delinquenten de ene totalitaire ideologie voor de andere zouden verruilen. Door een dergelijk verzoek om 'eerherstel' konden voormalige militaire collaborateurs dus worden hersteld in het recht om te mogen dienen in de gewapende macht, wanneer zij hiervoor de juiste motivatie konden geven; bijvoorbeeld door deel te willen nemen aan de strijd in Korea.

Wanneer we dan opnieuw naar artikel 44 van de *Dienstplichtwet* uit 1922 kijken, dan zien we dat na het ontvangen van gratie, personeel dat eerder uit het recht om bij de gewapende macht te dienen was ontzet gewoon mocht dienen bij de krijgsmacht. Juridisch gezien was er dus geen vuiltje aan de lucht.

---

204 Tames, *Doorn in het vlees*, 346-347.
205 Tames, *Doorn in het vlees*, 347.

Niet alle verzoeken in deze categorie werden overigens toegekend. Zo vormde het vermoeden van communistische sympathieën, begrijpelijkerwijze, een onneembare hindernis. Zo blijkt uit het geval van ene A.V. uit De Bilt die tijdens de oorlog lid was geweest van de *Wach- und Schutzdienst* en in 1953 een verzoek indiende om herstel van zijn kiesrechten en het recht om te dienen in de gewapende macht, om te kunnen dienen in Korea. A.V. was zich na de oorlog echter gaan inlaten met communisten, en werd derhalve door de medewerkers van het BBR als politiek onbetrouwbaar geacht en niet hersteld in zijn rechten.[206] De onverenigbare combinatie van communistische sympathieen en willen vechten tegen het communistische Noord-Korea, zal ongetwijfeld de nodige alarmbellen hebben doen afgaan. Dat de juiste motivatie in dergelijke gevallen belangrijker werd geacht dan de formele rechten van de betreffende persoon blijkt ook uit het geval van Florian Muszynski: een anticommunistische Pool die zich in 1951 aansloot bij het NDVN, en die jaren later een verzoek tot naturalisatie bij de Nederlandse staat zou indienen.[207]

Maar waar het om gaat is dat Folmer, Timmers, Franken en hun lotgenoten, als oud-SS'ers, door het BBR niet politiek onbetrouwbaar werden beschouwd, en in de ogen van dit bureau hun leven trachtten te beteren door opnieuw, maar ditmaal achter het vaandel van de democratie, tegen het communisme ten strijde te trekken. Ook mannen die wel in de categorie 'jeugdgeval' vielen, en op minderjarige leeftijd waren toegetreden tot een Duits

---

206 Tames, *Doorn in het vlees*, 181.
207 Tweede Kamer, 1967-1968, # 9479.3 Naturalisatie van Babucke, Heinz-Wolfgang en 26 anderen.

krijgsmachtsonderdeel, maar niet werden opgeroepen om hun militaire dienstplicht te vervullen konden dankzij de coulante omgang met verzoeken om herstel in bepaalde burgerrechten dus via het NDVN terecht bij de Koninklijke Landmacht.

Formeel gezien hadden de "jeugdgevallen" niet eens hoeven vragen toestemming. Dankzij het eerder genoemde besluit "15 januari" mochten zij, ondanks een eventueel eerder verbod, gewoon in dienst. Maar goed, als je dat niet expliciet is verteld hoe kom je daar dan achter?! De persoonlijke staat van dienst van verschillende van deze "Koreanen" vermeld namelijk een vergelijkbare gang van zaken. Ter illustratie uit de staat van dienst van Pieter Klaas Smit, geboren 1928: "ontzet uit het recht om bij de gewapende macht te dienen...met ingang van 21-10-1946." "Ingelijfd als BD van de lichting '48 met ingang van 1-6-1948".[208]

De eerder genoemde Pieter Klaas Smit was weliswaar als OVW'er ontslagen omdat hij in Duitse krijgsdienst was geweest, en daarom voor 10 jaar ontzet uit het recht om bij de gewapende macht te dienen. Na het besluit 15 januari 1947 was hij als Buitengewoon Dienstplichtige gewoon ingedeeld bij de lichting van zijn leeftijdscohort. Vanwege zijn status als BD hoefde hij, zoals velen met hem, alleen niet daadwerkelijk onder de wapenen te komen. Zo was er dus technisch gezien geen enkel bezwaar toen hij zich op 23 oktober 1950 melde als vrijwilliger voor het NDVN.

---

208 Koninklijke Landmacht, Persoonlijke staat van dienst Pieter Klaas Smit.

Concluderend

Getoetst aan de geboortedata van deze mannen, ontstaat de indruk dat de verklaring van het Ministerie van Defensie naadloos aansluit bij de bestudeerde verschillende bronnen. Bijna alle bij mij bekende oud-SS'ers en andere militaire collaborateurs die na 1945 dienden in de Koninklijke Landmacht vallen direct te kwalificeren als jeugdgevallen. Rekening houdend met de verruiming van de term 'jeugdgeval' waarover Groen schrijft, kan ook een enkele 'uitzondering' tot de categorie 'jeugdgevallen' worden gerekend.[209] Hiermee lijkt de aanwezigheid van oud-SS'ers en andere militaire collaborateurs in de naoorlogse Koninklijke Landmacht op een logische en navolgbare manier te kunnen worden gereconstrueerd zonder toevlucht te hoeven zoeken tot complottheorieën en geruchten.

In dit hoofdstuk is aan de hand van persoonlijke herinneringen, wetenschappelijke literatuur en schriftelijke bronnen een verklaring gegeven voor dit fenomeen. Aan de hand van de beschikbare informatie over de onderzochte personen en de juridische gang van zaken, kan de aanwezigheid van mannen die tijdens de Tweede Wereldoorlog in Duitse krijgsdienst waren geweest in de naoorlogse Koninklijke Landmacht. Hierin kan grofweg een onderscheid worden gemaakt tussen drie categoriën, hoewel enige overlap daar tussenin de praktijk zeker voorkwam: OVW'ers die zich als vrijwilliger aanmelden voor de strijd in de Oost, dienstplichtigen zowel uitgezonden als in eigen land achtergebleven, en de vrijwilligers van het NDVN.

---

209 Groen, *Fout en niet goed*, 481-482.

Hoofdstuk 2

'Hoeveel van dit soort onthullingen staan ons nog te wachten?'

Van een 'bijzondere' behandeling van voormalige militaire collaborateurs binnen de Landmacht, kan alleen sprake zijn geweest wanneer men binnen de Landmacht van hun verleden op de hoogte was geraakt. Men moet immers van iemands 'afwijkende' achtergrond op de hoogte zijn om hem hiermee te kunnen confronteren of op basis hiervan bevooroordeeld te behandelen. Daarom is het van belang om te achterhalen of het collaboratie-verleden van de mannen in kwestie binnen de Landmacht bekend raakte, en zo ja onder welke omstandigheden dit gebeurde.

2.1 Wir haben es nicht gewusst

Verschillende oud-militairen verkondigden stellig in het *NRC Handelsblad*, na de publicatie van Van Esteriks eerste artikel, dat er zich onder 'hun' mannen geen SS'ers hadden bevonden; en dat Van Esteriks verhaal dus wel uit de lucht gegrepen moest zijn.[210] Van Esterik' belangrijkste bron, de ooggetuige en oud KNIL inlichtingenofficier de Heer Hammelburg, was echter zelf toegevoegd aan een 'verse' uit Nederland afkomstige eenheid, waarin hij een aantal militairen met een opvallend litteken onder de linker oksel aantrof, dat was ontstaan nadat zij de kenmerkende bloedgroeptatoeage van de *Waffen-SS* van hun lichaam hadden laten verwijderen. Hammelburg legde

---

210 'Brieven', *NRC Handelsblad*, 8 december 1984.

op dat moment niet het verband tussen een bloedgroeptatoeage en de Waffen-SS, en ging om opheldering vragen bij een officier van de betreffende compagnie: 'zo'n teken is toch handig, waarom hebben ze dat weg laten halen?' deze officier deed een 'schokkende mededeling': 'Weet je dat niet? Die soldaten zijn vroeger bij de Waffen-SS geweest. En alle leden van de Waffen-SS hadden het teken van hun bloedgroep onder hun oksel getatoeëerd'.[211]

Deze korte anekdote uit Van Esteriks artikel lijkt erop te wijzen dat 'men', of in ieder geval een gedeelte van het militaire kader op de hoogte is geweest, van de aanwezigheid van oud-SS'ers, of andere militairen die eerder in Duitse krijgsdienst waren geweest, wanneer deze zich in hun onderdeel bevonden. Dit roept in sterke mate de vraag op hoe wijdverspreid deze kennis was binnen de Landmacht. Ook buiten de krijgsmacht blijken over de aanwezigheid van deze mannen destijds al enige vermoedens bestaan hebben. Zo ziet bijvoorbeeld de redactie van de communistische krant *De Waarheid* Van Esteriks artikel als de bevestiging van een reeds lang gekoesterd vermoeden.[212]

Om de berichtgeving over dit onderwerp in *De Waarheid* op waarde te schatten, moet ze worden geplaatst in de context van een door de communisten veronderstelde alliantie tussen het fascisme en het kapitalisme.[213] *De*

---

211 C. van Esterik, 'Het litteken van het scheermes: SS'ers in Nederlands-Indië tijdens de Politionele Acties', *NRC Handelsblad*, 24 november 1984.

212 *De Waarheid*, 'SS'ers vochten in koloniale oorlog', 27-11-1984.

213 I. Tames, *Doorn in het vlees. Foute Nederlanders in de jaren vijftig en zestig* (Amsterdam 2013), 350.

Waarheid was geruime tijd, tot in de jaren zestig, om die reden eigenlijk het enige blad dat structureel probeerde om oud-collaborateurs aan de schandpaal te nagelen. Het 'ontmaskeren' van oud-NSB'ers en andere politieke delinquenten, in allerhande openbare functies, vormde een integraal onderdeel van het communistische repertoire van kritiek op 'de heersende klasse'. Op deze manier probeerde *De Waarheid* een doorlopende lijn te trekken tussen 'fout in de oorlog' en 'fout na de oorlog' door zichzelf en de CPN als enige 'goede' partij te bombarderen. Het blad was en bleef echter de spreekbuis van de in de context van de Koude Oorlog gewantrouwde communistische partij, en werd hoofdzakelijk in eigen kring gelezen. Vandaar dat de 'onthullingen' in *De Waarheid* wellicht niet helemaal serieus werden genomen door het grote publiek, en 'de schok' pas doordrong toen de meer geïnstitutionaliseerde VARA in 1968 met het onderwerp naar buiten kwam.[214] Bovendien lijkt het *De Waarheid* te hebben ontbroken aan 'harde' bewijzen.

In het vorige hoofdstuk zagen we dat alle onderzochte oud-SS'ers op een normale manier, als dienstplichtige of vrijwilliger, onder de wapenen waren gekomen, en dat van een speciale selectie of werving geen sprake lijkt te zijn geweest. Dat wekt de indruk dat deze mannen niet als afzonderlijke groep de Landmacht zijn binnen gestroomd, maar dat het ging om individuele militairen met een verleden van Duitse krijgsdienst die later in de Landmacht terecht zijn gekomen. Gelet op de verbaasde

---

214 Zie o.a.: *Trouw,* 'Leidde oud-SS'er onderofficieren op?', 26-06-1968. & *Trouw,* '; oud SS'ers konden na de oorlog naar Korea', 28-06-1968.

en verontwaardigde reacties van enkele toenmalige officieren, opgeroepen door Van Esteriks artikel, zal kennis over de aanwezigheid van mannen met een dergelijke achtergrond geen gemeengoed binnen de Landmacht zijn geweest. Van een algemene notificatie over het politiek- en militaire verleden van deze mannen zal dan ook zeer waarschijnlijk geen sprake zijn geweest.

Dat blijkt ook uit het hoofdstuk *Huzaren in voorheen vreemde krijgsdienst* in Bartels boek *Tropenjaren*. In dit hoofdstuk schrijft Bartels dat er zich in het in 1947 naar Nederlands-Indië uitgezonden 2ᵉ eskadron *Huzaren van Boreel* verscheidene oud-SS'ers bevonden, maar dat nooit duidelijk is geworden om hoeveel manschappen het exact ging. Bartels laat weten dat de commandant van deze eenheid hierover nooit formeel is ingelicht.[215] De vraag is dan ook of de Landmacht op voorhand op de hoogte was van het militair- en politieke verleden van deze mannen, of dat het pas in de loop van hun diensttijd aan het licht kwam.

Persoonlijke staten van dienst
Het lijkt voor de hand liggend dat, mocht de Landmacht op voorhand van het SS-verleden van de mannen in kwestie op de hoogte zijn geweest, hierover in de persoonlijke staten van dienst iets terug te vinden zou moeten zijn. De dossiers die voor dit onderzoek ter beschikking staan, wijken op dit punt sterk van elkaar af, en vanwege de bijzonder geringe empirische basis die zij vor-

---

215 J.A.C. Bartels, *Tropenjaren: Patrouilles en ploppers. Het dienstplichtig 2ᵉ eskadron Huzaren van Boreel in Nederlands-Indië* 1947-1950 (Amsterdam 2008), 443

men, lijkt het vooralsnog onverantwoord om hier zwaar-
wegende conclusies aan te verbinden. Ook hier geldt echter weer: 'roeien met de riemen die je hebt'. De
beschikbare dossiers geven hier een sterk uiteenlopend
beeld. Het dossier van de dienstplichtige Indië-ganger
Theodorus Smakman bijvoorbeeld bevat geen verwijzing
naar zijn SS-verleden, en lijkt in niets 'abnormaal'.[216]
Datzelfde geldt voor de dossiers van Jan Folmer en Willem Hendrik Zinkstok. Het dossier van de Korea-vrijwilliger Jan Enninga daarentegen vermeldt, zoals we al eerder zagen, het volgende:

'Ontz. Voor 10 jaar mig. Exh. Van 21-10-47 nr. 2664
Ontzetting ingetrokken Exh. 2-4-51 nr. 2582'[217]

Dit is een heldere verwijzing naar Enningas tienjarige
ontzetting uit het recht om te mogen dienen in de gewapende macht. Waarom Enninga uit dit recht was ontzet
wordt niet vermeld in zijn staat van diens, we zagen echter al eerder dat hij was veroordeeld voor zijn diensttijd
bij de *Waffen-SS*. Interessanter is de mededeling dat deze
ontzetting later is ingetrokken.

Ook het dossier van de gesneuvelde Korea-vrijwilliger
Martinus Gijsbertus Bijerinck. bevat een veelzeggende
verwijzing. Volgens het dossier wordt B. op 1 juni 1948
als buitengewoon dienstplichtige ingelijfd bij de Landmacht, één dag later wordt hij vervolgens weer uit dienst
ontslagen:

---

216 Persoonlijke staat van dienst, Smakman, Theodorus.
217 Persoonlijke staat van dienst, Enninga., Jan.

'Ontslagen op grond van arti. 44, 1ᵉ lid, punt E der Dienstplichtwet. Miv 2-6-'48.'[218]

Dit artikel 44, 1ᵉ lid, punt E van de dienstplichtwet luidt als volgt:

Artikel 44. Eerste lid. Onder *b* wordt voor "onder *e*" gelezen: "onder *e* of onder *f*; wat *f* betreft, voor zover bij het verleenen van de vrijstelling niet is bepaald, dat zij niet geldt in geval van oorlog, oorlogsgevaar of andere buitengewone omstandigheden;".
Onder *e* wordt in de plaats van, "wien tijdelijk het recht is of wordt ontzegd" gelezen: "die krachtens rechterlijke uitspraak is of wordt ontslagen uit den militairen dienst zonder ontzetting van de bevoegdheid om bij de gewapende macht te dienen, wien tijdelijk het recht is ontzegd".[219]

Martiunus Bijerincks tijdelijke ontzetting om te mogen dienen bij de gewapende macht was in 1948 dus aanleiding geweest om hem te ontslaan als dienstplichtig militair. Maar waar de tot noch toe genoemde verwijzingen betrekking hebben op ogenschijnlijk neutraal klinkende artikelen uit de dienstplichtwet, laat een opmerking in de staat van dienst van Soldaat Orval weinig aan de verbeelding over; 'Heeft bij SS gediend. Ned. Nationaliteit niet ontnomen wegens minderjarigheid".[220]

---

218 Persoonlijke staat van dienst, Bijerinck., Martinus Gijsbertus.
219 Tweede Kamer, 1924-1925, bijlagen # 285.8. Wijziging van de dienstplichtwet.
220 Ministerie van Defensie, Staat van dienst, Orval, Andreas.

Bij elkaar genomen wekken deze dossiers de indruk dat de Landmacht in het geval van de Korea-gangers op de hoogte was van hun collaboratie-verleden. Met betrekking tot de mannen die, ondanks het feit dat zij voor tien jaar waren ontzet om te mogen dienen bij de gewapende macht ontstaat hier enige onduidelijkheid. We zagen al eerder, in de verhalen van Niessen, Neijenhuis, Jan Franken en de in *De Waarheid* genoemde S. uit Amsterdam, dat een aantal militaire collaborateurs gewoon als dienstplichtige onder de wapenen was gekomen bij de Koninklijke Landmacht. De dossiers van Bijerinck en Enninga lijken uit te wijzen dat ook deze twee heren voor hun militaire dienstplicht zijn opgeroepen, maar op het laatste moment vanwege hun verleden zijn afgekeurd.

Het dossier van Gerardus Nagel de enige man die niet direct als 'jeugdgeval' kan worden aangemerkt, en die reeds tussen 1939 en 1940 zijn dienstplicht vervulde vermeldt het volgende:

> '11-9-1947; Met toepassing van het besluit politieke delinquenten 1945 voor de tijd van tien jaren ontzet van het recht te mogen dienen bij de gewapende macht ...
>
> ...hersteld in het recht om bij de gewapende macht te dienen (Exh. 13-6-51 nr 3041).'[221]

Op basis van de bestudeerde dossiers ontstaat de indruk dat de Landmacht niet in alle gevallen op voorhand van het verleden van het militair- en politieke verleden van haar personeel op de hoogte is geweest. Waar zij dit wel

---

221 Persoonlijke staat van dienst, Nagel, Gerardus.

was kon een verbod op het dienen bij de gewapende macht een belemmering vormen om betrokkene als dienstplichtig militair onder de wapenen te brengen. Zo werden verschillende veroordeelde militaire collaborateurs als dienstplichtig opgeroepen en daags na inlijving uitgeschreven, lijkt dit echter geen automatische gang van zaken te zijn geweest.

2.2 Niet onopgemerkt

Gezien de gevoelige aard van het recente oorlogsverleden, en zeker de wijdverspreide afkeer van de *(Waffen-)SS* onder de Nederlandse bevolking, lijkt het voor de hand liggend dat deze mannen, eenmaal opnieuw in dienst, niet met hun SS-verleden te koop liepen. Deze veronderstelling vindt haar weerklank in de herinnering van Niessen en Folmer. Beiden trachtten dit verleden aanvankelijk immers verborgen te houden.

Toch bestaan er natuurlijk wel verschillende 'aanwijzingen' en eigenaardigheden, die het vermoeden zullen hebben opgewekt dat deze of gene persoon tijdens de oorlog in Duitse krijgsdienst was geweest. Uit het bestudeerde bronnenmateriaal ontstaat op zijn zachtst gezegd de indruk dat deze mannen opvielen tussen de andere rekruten in hun opleidingsperiode. Ik beschrijf hier een aantal van deze 'weggevertjes', zoals deze naar voren komen uit het beschikbare bronnenmateriaal. Hierbij ga ik tevens in op de manier waarop 'het verleden', van de door mij bestudeerde mannen, destijds al dan niet aan het licht is gekomen.

Dat officieren, onderofficieren of instructeurs deze groep zouden hebben kunnen herkennen is geen vreemde gedachte. Deze mannen waren immers door een gedegen opleiding in hun toenmalige Duitse legeronderdeel al dusdanig getraind en gedrild dat zij, onbewust, anders zullen hebben gereageerd op exercitiecommando's dan onervaren dienstplichtigen en in Nederlandse (feitelijk Britse) stijl opgeleide soldaten. 'Ik moest na alles wat ik al wist en had meegemaakt rekruutje spelen. In de houding leren staan en salueren en exerceren' herinnert één van hen zich.[222]

Niet de enige: Willem Timmers

Dat de 'typische' Duitse manier van exerceren van deze mannen bij sommige Landmacht instructeurs opviel, blijkt uit de ervaringen van Willem Timmers die zich na zijn tijd bij de *Waffen-SS* als vrijwilliger aanmeldde voor het Nederlandse bataljon in Korea: 'Ik dacht dat ik een uitzondering zou zijn, maar er bleken veel meer oude Waffen-SS'ers en ook NSKK'ers[223] te zitten, zeker twintig tot dertig man. Een instructeur heeft eens tegen mij gezegd: Je haalt die mensen van de SS en het NSKK er zo tussenuit. De Nederlandse soldaat tilt de linkervoet op en zet die neer, wanneer hij in de houding gaat staan. De Duitsers klakken met hun hakken. En dat deden ook die SS'ers en NSKK'ers in Roosendaal. Je pikte hen er zo tussen uit.' [224]

---

222 G. Verrips, *Mannen die niet deugden. Een oorlogsverleden* (Amsterdam 1998), 129.

223 Het National Sozialistische Kraftfahrer Korps was een paramilitaire transport afdeling, die o.a. een gedeelte van de bevoorrading van de *Wehrmacht* en de Waffen-SS aan het Oostfront voor haar rekening nam. Ook in deze eenheid dienden talrijke Nederlandse vrijwilligers.

224 S. van der Zee, *Voor Fuhrer volk en vaderland. De SS in Nederland* (Amsterdam 1992), 265. Vgl. P. Gerritse, *De verzetsvrouw en de SS'er* (Amsterdam 2006), 212.

Te ervaren voor een rekruut: Jan Folmer

Tijdens zijn opleiding voor Korea, sprong Folmer's gedrag zijn sergeants in het oog. Bij hen was het vermoeden ontstaan dat Folmer niet voor het eerst onder de wapenen was. Op een gegeven moment vroegen ze hem uit het niets wat hij van de compagnie vond, en drukken hem, nadat hij hun vermoeden heeft bevestigd, in vertrouwen op het hart 'vooral niet op te vallen en zijn mond te houden' om 'problemen' te voorkomen.[225]

Helaas voor Folmer ontstonden er binnen de compagnie ook de nodige geruchten, waardoor hij vermoedde dat één van de betrokken sergeants zijn mond voorbij heeft gepraat. De 'ontmaskering' van Willem Timmers en Folmer lijkt te impliceren dat het militaire kader, in ieder geval voor een gedeelte, signalen oppikte aangaande het verleden van een deel van hun manschappen, of hierover tenminste vermoedens ontwikkelde.

'Wat kun je goed schieten': Jan Franken uit Haarlem

Het ligt voor de hand dat oud-SS'ers door hun 'vooropleiding' al bekend waren met allerhande soorten vuurwapens. Dat kan niet anders dan zijn opgevallen. Hun vertrouwde omgang hiermee zal hebben afgeweken van de manier waarop een 'groene' dienstplichtige, die voor het eerst van zijn leven een geweer in handen krijgt, met het ding omgaat: 'Wat kun je goed schieten' schijnen zijn instructeurs in 1949 tegen de rekruut uit Haarlem te hebben gezegd, niet heel verwonderlijk voor iemand die al ruim de kans had gehad om zich te bekwamen in de

---

225 J.J.R. Folmer, *Waffenbrüder. Ein Niederländer in Russland und Korea* (Salzburg 2011), 205.

omgang met vuurwapens in de *Wehrsport* kampen van de *Hitlerjugend* en de Waffen-SS kazerne in Graz.[226] Over een daadwerkelijke 'ontmaskering' wordt in Jan Franken's verhaal echter niet gesproken.

Ook Jan Niessen geeft toe dat zijn vertrouwde omgang met vuurwapens tijdens de opleiding de nodige aandacht op hem vestigde: 'wat ook al gauw opviel, was dat ik vrij snel met allerlei wapens kon omgaan en een paar onklaar gemaakte Duitse mitrailleurs in een handomdraai repareerde' geeft Jan Niessen bijvoorbeeld aan.[227]

Men zou zich af kunnen vragen waarom Niessen het heeft over Duitse mitrailleurs, en kunnen opperen dat hij zichzelf op deze manier toch wel aardig 'verdacht' zou hebben gemaakt door juist met Duitse wapens aan het knutselen te slaan. Vanwege een gebrek aan middelen maakte de Koninklijke Landmacht in de eerste jaren na de oorlog, we schrijven begin 1947 als Niessen wordt opgeleid, bij tijd en wijle gebruik van buitgemaakte Duitse wapens voor opleidingsdoeleinden.[228] Zodoende zal zijn ervaring waarschijnlijk noodgedwongen naar voren zijn gekomen.

Desondanks mag hieruit niet worden geconstateerd dat alle voormalige militaire collaborateurs die in de Koninklijke Landmacht hebben gediend opvielen door hun eerdere ervaring. Sommige hebben zich mogelijk van de domme gehouden. Terwijl weer anderen, zoals Freek ter Horst, ongeschikt bleken voor het soldatenleven.

---

226 K. van der Linden, 'De bevrijding van een SS'er', *Haarlemse Courant*, 20-06-1998.

227 Verrips, *Mannen die niet deugden. Een oorlogsverleden*, 129-130.

228 P. Brugman, *Naar de Oost. Een oorlogsvrijwilliger in Nederlands-Indië* (Kampen 2000).

'Litteken van het scheermes'

Een ander duidelijk signaal van een oorlogsverleden was natuurlijk nog de eerder genoemde kenmerkende tatoeage onder de linker oksel, of het litteken dat deze had achtergelaten, die onder de omstandigheden waarin militairen worden opgeleid moeilijk geheim te houden moet zijn geweest, als zichtbare herinnering aan 'het verleden'. Daaraan herinnert de door Van Esterik beschreven 'ontdekking' van de heer Hammelburg.

Deze tatoeage werd ook door geallieerde militairen gebruikt als identificatiemiddel om gecapituleerde soldaten van de Waffen-SS en de *Wehrmacht* van elkaar te scheiden. In *de SS'ers* vertellen verschillende oud-SS'ers over hun persoonlijke ervaring met deze 'lakmoesproef'.[229] In de omstandigheden waaronder militairen werden opgeleid zal een dergelijk merkteken, dat in de eerste instantie juist was aangebracht om op te vallen, niet gemakkelijk te verbergen zijn geweest. Ook tijdens verhoren in Nederland werden verdachte routine matig gecontroleerd op de aanwezigheid van deze tatoeage, zo blijkt uit verschillende transcripties van verhoren in de CABR-dossiers.

Hierbij moet wel vermeld worden dat in de praktijk niet alle *Waffen-SS* militairen voor het leven met dit bloedgroepsteken werden getekend. Er bestaan toevallige uitzonderingen. Zo had Jan Folmer bijvoorbeeld het geluk afwezig te zijn op het moment dat de tatoeage werd aangebracht, en was Jan Niessens exemplaar niet onder maar achter zijn oksel terechtgekomen, waardoor het minder opviel.[230]

---

229 Armando en Sleutelaar, *De SS'ers* (Amsterdam 1967), 29, 32, 85.

230 Gerritse, *De verzetsvrouw en de SS'er*, 205.

Leeftijd

Verder lijkt het erop dat deze mannen wat leeftijd betrof uit de toon zullen zijn gevallen, een 'gevaar' waar Folmer zich van bewust wordt wanneer hij voor het eerst met de C compagnie van het NDVN staat aangetreden: '..val nooit op! Je zal het als 27-jarige tussen die jongeren toch al moeilijk genoeg krijgen' herinnert Folmer zich later.[231] Het Nederlandse detachement in Korea bestond weliswaar uit vrijwilligers, maar toch viel op dat Folmer en Montijn, naar eigen zeggen vanwege hun leeftijd, met bijzondere functies worden belast. Jan Montijn wordt gedurende zijn bootreis naar Korea als 'een van de ouderen' ingedeeld bij de militaire politie, en Folmer, wiens leeftijd een van de factoren was geweest die hadden bijgedragen aan het vermoeden van zijn sergeants, werd benoemd tot postmeester.[232] Tegelijkertijd wekken deze benoemingen de indruk dat niet werd geprobeerd om beide mannen, vanwege hun verleden, achter te stellen door hen bijvoorbeeld op te zadelen met veelvuldige corveediensten.

Toch waren voormalige militaire collaborateurs in het NDVN, niet per definitie ouder dan hun collega's. Verscheidene van deze mannen waren immers op jonge, en in de laatste maanden van de oorlog zelfs piepjonge leeftijd ingelijfd bij de Waffen-SS, Zoals we zien in het geval van Jan Franken, die in de laatste maanden van de oorlog op zijn 16e vanuit de Jeugdstorm toetrad tot de Waffen-SS, en rond zijn twintigste levensjaar naar Korea ver-

---

231 Gerritse, *De verzetsvrouw en de SS'er*, 211.
232 D.A. Kooyman, *Montyn*, (1985), 248. en Folmer, *Waffenbrüder*, 265.

trok.[233] Ook met die uitschieters naar boven valt het uiteindelijk best mee. De ex-SS'er en ex-NSKK'er Johan Mulder, geboren in 1918, was zelfs binnen de staf-cie zelfs niet eens de oudste soldaat van de compagnie waarin ook mannen van bouwjaar 1912 en 1913 als in de rang van soldaat dienst deden.

Een afwijkende leeftijd in de naar Nederlands-Indië uitgezonden dienstplichtige eenheden zou ook de nodige nieuwsgierigheid hebben gewekt, daar het hele personeelsbestand van deze divisies telkens werd gevormd uit één lichting; zo was de overgrote meerderheid van de dienstplichtigen in de 1ste divisie *7 december* geboren in 1925, bestond het dienstplichtige personeel van de 2e divisie *Palmboom* uit militairen geboren in 1926 enz. Voor mannen die zich aan wisten te monsteren voor de verschillende bataljons oorlogsvrijwilligers, de eerste lichting Nederlandse militairen naar 'de Oost', zal een afwijkende leeftijd in deze context minder van belang zijn geweest.

Herkend, en versproken: Jan Niessen

Dan bestaat nog het 'gevaar' van de persoonlijke herkenning. Wapendragers hadden zich tijdens de bezetting immers duidelijk herkenbaar gemaakt door het dragen van een uniform. Hierdoor waren zij destijds gemakkelijk als zodanig te herkennen, bijvoorbeeld door een plaatsgenoot of vroegere collega. Zo kon het gemakkelijk voorkomen dat iemand hen achteraf als SS'er herkende. A.D. Belinfante, merkt op in zijn studie over de Bijzondere Rechtspleging *In plaats van bijltjesdag*, merkt dat deze

---

233 K. van der Linden, 'De bevrijding van een SS'er'

herkenbaarheid ook had bijgedragen aan de snelle opsporing van militaire collaborateurs.[234] Zo dreigde Jan Niessen bij aanvang van zijn opleiding tegen de lamp te lopen: 'Toen hij [een jongen die Jan tijdens de oorlog in zijn uniform had zien rondlopen] me in het peloton tegenkwam, had hij me onmiddellijk herkend.'[235]Gelukkig voor Niessen besloot deze soldaat op dat moment zijn constatering voor zich te houden.

Om verdere speculatie en geruchten voor te zijn, ging Jan Niessen zelf met de billen bloot. Nadat hij zich op een feestje onder invloed van een grote hoeveelheid jenever had versproken en de eerder genoemde soldaat hem er onder vier ogen op had aangesproken, lichtte hij zelf zijn peloton in over zijn tijd bij de *Waffen-SS*.[236] Zodoende waren de andere soldaten in zijn peloton eerder op de hoogte van Niessens verleden dan zijn pelotonscommandant.[237]

Het om wat voor reden dan ook openlijk opbiechten van het verleden om open kaart te spelen, of zichzelf te verraden, bijvoorbeeld onder invloed van alcohol, is nog een manier waarop 'men' achter het verleden zou kunnen komen. Hier wijkt het verhaal van Niessen wel heel sterk af van Folmer, die zich telkens voorneemt om het verleden geheim te houden. En wat Montijn betreft: zijn biografie zwijgt op dit punt in alle talen. We mogen aannemen dat hij dat daarom zelf ook gedaan heeft.

234 A.D. Belinfante, *In plaats van bijltjesdag* (Assen 1978), 340.
235 Verrips, *Mannen die niet deugden*, 130.
236 Verrips, *Mannen die niet deugden*, 130.
237 Verrips, *Mannen die niet deugden*, 132.

Horen, zien en zwijgen: Jan Montijn

Het zwijgen van *Montyn* op dit punt is interessant, omdat Jan Montijn diende in dezelfde C-compagnie als Folmer, en zijn biograaf ook melding maakt van de aanwezigheid van ex-SS'ers in die compagnie: 'Er waren oud-SS'ers bij die op deze wijze hun Nederlanderschap terug konden verdienen'.[238] Robert Stiphout laat ons in zijn boek over het Nederlandse bataljon in Korea, *De bloedigste oorlog,* namelijk weten dat: 'In de nieuwe C-compagnie zijn zeker twee mensen 'fout' geweest. De bekendste van de twee is Jan Montijn. Minder bekend is Jan Folmer'.[239]

Desgevraagd geeft Jan Folmer aan destijds niet op de hoogte te zijn geweest van de aanwezigheid van 'lotgenoten' in de C-compagnie.[240] Folmer's achtergrond raakte binnen de compagnie bekend, en Montijn was hier waarschijnlijk ook van op de hoogte. Getuige is de eerder aangehaalde opmerking uit *Montyn* over de aanwezigheid van ex-SS'ers. In *Montyn* is van zoiets als een 'coming out' dus geen sprake, en omdat Folmer ook nooit van Montijns verleden op de hoogte is geweest, acht ik het waarschijnlijk dat hij hierover gedurende zijn tijd in Korea niets heeft losgelaten.

Pas later in *Montyn*, wanneer de hoofdpersoon na Korea als beroepsmilitair onder de wapenen is gebleven, duikt Jans Duitse krijgsdienst terloops nog een keer op: 'Het kan verkeren: nog niet zo lang geleden was ik wegens krijgsdeelname veroordeeld tot drie jaar jeugdkamp, nu

---

238 D.A. Kooyman, *Montyn*, (1985), 246.
239 R. Stiphout, *De bloedigste oorlog. Het vergeten bataljon Nederlandse militairen in Korea* (Amsterdam 2009), 206.
240 Persoonlijke correspondentie met J.J.R. Folmer, 05-03-2014.

gold het bijna als een positieve aantekening in mijn staat van dienst. Ik had dan toch maar mooi tegen de communisten gevochten. Twee keer zelfs. Ja, maar de eerste keer aan Duitse zijde. –Aan de zijde van een huidige bondgenoot dus.'[241] Dat roept vragen op: was men binnen de Koninklijke Landmacht wel of niet op de hoogte, en zo ja wanneer kwam het verleden dan naar buiten? Toch lijkt het vreemd dat een onthullende 'coming out' als deze zou hebben plaatsgevonden, door Kooiman niet is opgenomen in *Montyn*. Derhalve kan ik er helaas niet verder op ingaan.

Ook over de precieze details over Montijns Duitse krijgsdienst schrijft Kooiman niet. In *Montyn* wordt volstaan met de informatie dan Jan Montijn zich als vrijwilliger aanmeldde voor de Duitse *Kriegsmarine*, en hij later noodgedwongen als infanterist werd ingezet in het Koerland en aan het front bij de rivier de Oder. Toevalligerwijze bevond hij zich daar in het Koerland volgens Kooiman tussen 'een allegaartje troepen restanten'. 'Er was een overschot van het Vrijwilligerslegioen Nederland', en zat Jan daar met meerdere Nederlanders in één peloton.[242] Wegens een gebrek aan inzetbare oorlogsbodems en vliegtuigen, en een nijpend tekort aan personeel bij de *Wehrmacht* werden in de laatste jaren van de oorlog inderdaad allerlei overtallige matrozen en *Luftwaffe* mensen als infanterist tegen het Rode Leger in de strijd geworpen. Tot zoverre lijkt *Montyn* dus in overeenstemming met de historische waarheid.

---

241 Kooyman, *Montyn*, 267.
242 Kooyman, *Montyn*, 126.

Dit Vrijwilligerslegioen Nederland waarover Kooiman schrijft, tegen die tijd allang omgedoopt in *23. SS Freiwilligen-Panzergrenadier-Division Nederland*, duikt na Koerland, net als *Montyn*, op aan het front bij rivier de Oder.[243] Hierdoor komt Jan Montijn wel erg toevallig telkens in de directe omgeving van een Nederlandse *Waffen-SS* eenheid terecht. Dat wekt natuurlijk de nodige vermoedens over de aard van zijn dienstverband. Ook in de jaren direct na het verschijnen van *Montyn* werd schijnbaar het vermoeden gekoesterd dat Montijn niet bij de *Kriegsmarine* maar bij de SS had gediend aan het Oostfront, zo blijkt uit een krantenbericht uit 1985.[244]Het CABR dossier van Jan Montijn geeft doorslaggevend bewijs. Hierin bevind zich namelijk het *SS Soldbuch nr. 9739 "Den SS panzer-grenadier Jan Montijn"*.[245]

Saillant detail is dat in handgeschreven letters het woord *Kriegsmarine* is aangebracht. Dit belangrijke detail is zelfs in het biografische *Montyn* achterwege gebleven, en dat is natuurlijk veelzeggend voor de strikte geheimhouding die Montijn hierover achteraf in acht heeft genomen. Om de werving voor *Nederland* en andere Europese vrijwilligers eenheden van de *Waffen-SS* vaker op peil te houden werd vaker gebruik gemaakt van trucage, ronselpraktijken en gedwongen overplaatsingen. In het specifieke geval van onvrijwillige overplaatsing van

243 P.Pierik, *Van Leningrad tot Berlijn. Nederlandse vrijwilligers in dienst van de Duitse Waffen-SS 1941-1945* (Soesterberg 2000/2006), 7-304-314.

244 'Expositie Montyn in Leeuwarden afgelast', *Nieuwsblad van het Noorden*, 03-04-1985.

245 CABR 89477 (PRA Gouda, dossiernummer 1363), Jan Montijn.

Nederlandse *Kriegsmarine* vrijwilligers naar de *Waffen-SS* is bekend dat *Reichsfuhrer SS* Heinrich Himmler zich hiertegen heeft uitgesproken. Nog in december 1944 beval Himmler dat 14 Nederlanders, die zich in een protest tegen hun overplaatsing tot hem hadden gericht, "terecht in hun Germaans rechtgevoel waren bedrogen" en "onmiddellijk aan de Marine dienen te worden overgegeven". [246]

Randvoorwaarde

Al met al bestonden er, zoals we aan de hand van de aangehaalde voorbeelden zien, dus verschillende 'signalen' aan de hand waarvan anderen het verleden van de personen in kwestie, mochten deze hier zelf over zwijgen, zouden kunnen achterhalen. Hierdoor is het aannemelijk dat in ieder geval een gedeelte van het kader van de Koninklijke Landmacht, en andere militairen in hun directe omgeving, op de hoogte zal zijn geweest van de aanwezigheid van militairen die voorheen in een Duits krijgsmachtsonderdeel hadden gediend, in de eigen gelederen.

Omdat het niet vaststaat om hoeveel personen het gaat, valt over de verspreiding van deze groep over de Landmacht niets met zekerheid te zeggen. Dat betekent dat het goed mogelijk, zelfs aannemelijk is, dat er, gezien de gigantische omvang van de Nederlandse troepenmacht in Nederlands-Indië, ook eenheden bestonden waarin deze groep niet was vertegenwoordigd, zodat zowel het ongeloof en de verbijstering in de reacties op Van Esteriks artikel als nuchtere mededeling van de in dat artikel aan

---

246 Vincx & Shotanius, *Nederladse vrijwilligers in Europese krijsdienst, deel 4*, 518-19.

het woord gelaten officier kan worden verklaard; 'Weet je dat niet, die mannen waren bij de Waffen-SS'. Het is immers vanzelfsprekend dat het feit dat deze mannen aanwezig waren niet automatisch hoeft te betekenen dat zij zich in iedere willekeurige eenheid bevonden en dat iedereen destijds van hun aanwezigheid op de hoogte is geweest.

Als we willen bepalen of deze mannen op basis van hun verleden afwijkend werden behandeld, dan is het eerst noodzakelijk om te achterhalen of dit verleden bekend was in hun omgeving binnen de Koninklijke Landmacht. Het antwoord daarop is ja; uit de bestudeerde bronnen blijkt dat het politiek- en militair verleden van de mannen in kwestie in veel gevallen bekend raakte binnen de Koninklijke Landmacht. Belangrijk is hierbij om te benadrukken dat over dit verleden in de onderzochte gevallen geen officiële mededelingen werden gedaan, maar dat het telkens op informele wijze aan het licht is gekomen. Als andere militairen voormalige militaire collaborateurs, op grond van hun oorlogsverleden afwijkend had willen behandelen of discrimineren, dan was in een aantal van de bestudeerde gevallen aan een hiervoor noodzakelijke randvoorwaarde al voldaan; namelijk het bekend raken van dit verleden.

Hoofdstuk 3

Acceptatie?

Op basis van de lotgevallen van Jan Niessen, Willem Timmers, Jan Folmer en enige anderen weten we dat 'het verleden' in een aantal gevallen bekend raakte. De vraag die dit in sterke mate oproept is: hoe gingen dienstmaten en kader om met mannen die tijdens 'de oorlog' aan Duitse zijde hadden gevochten en met hun verleden? In zijn boek *Oorlogscultuur* schrijft Martin van Creveld: 'Legers weerspiegelen de samenleving waarvan zij deel uitmaken, maar tegelijkertijd is elk leger ook een aparte organisatie die bijeengehouden wordt door wat wij een oorlogscultuur noemen, iets wat niet of maar zeer ten dele raakvlakken heeft met de burgermaatschappij'.[247] Toegepast op ons onderwerp wijst dit citaat ons op de mogelijk sterk afwijkende manier van omgang met het oorlogsverleden binnen de krijgsmacht ten opzichte van de burgersamenleving.

Om dit mogelijke verschil te verklaren kunnen op voorhand verschillende redenen worden verondersteld. Zo kan iemands oorlogsverleden bijvoorbeeld zijn vergeten of vergeven, opdat het geen splijtzwam zou vormen binnen de eenheid waar de betreffende personen deel van uitmaakten. Een andere mogelijkheid is dat andere militairen juist, heimelijk, tegen deze groep opkeken vanwege de relevante gevechtservaring die ze had opgedaan in Duitse dienst. Ook het fenomeen 'wapenbroederschap'

247 M. van Creveld, *Oorlogscultuur* (Houten 2009), 452.

zou kunnen worden aangegrepen om een bijzondere gang van zaken te veronderstellen. Immers: 'onder vuur' leer je elkaar pas echt kennen, en zijn er wel belangrijkere zaken om je druk over te maken dan iemands verleden.

Maar deze mannen kunnen vanwege hun 'foute' keuze natuurlijk evengoed zijn uitgekotst en buitengesloten gedurende hun militaire dienst, zoals ook het geval was in de populaire herinnering van oud-politiek delinquenten in de rest van de samenleving. We merkten immers al eerder op dat de naam *Waffen-SS*, op zijn zachtst gezegd, weinig populair was in het naoorlogse Nederland; dus waarom zou ze dat wel zijn in een krijgsmacht die uit deze zelfde samenleving voortkwam?

Om een antwoord op deze vraag te kunnen geven moeten we eerst kijken naar het herintegratieproces van politieke delinquenten en militaire collaborateurs in de naoorlogse samenleving. Dit proces is tot de jaren '60 uitgebreid beschreven door de beide NIOD-historici Heleen Grevers en Ismee Tames. Vervolgens zullen we kijken naar de ervaringen van 'onze' mannen en hun collega's binnen de Koninklijke Landmacht, om te besluiten in hoeverre dit re-integratie proces binnen een krijgsmacht in oorlogstijd afweek of overeenkwam met de gang van zaken in de burgersamenleving.

3.1 Herintegratie van politieke delinquenten in de samenleving

In de conclusie van haar boek, *Een doorn in het vlees*, schrijft Tames dat 'De ingeburgerde gedachte dat oud-NSB'ers door een wraakzuchtige samenleving en overheid het bestaan onmogelijk is gemaakt' in het leven is geroepen door zogenaamde *diehards* die ook na het einde van de Tweede Wereldoorlog bleven vasthouden aan hun nationaal socialistische wereldbeeld.[248] Reïntegratie, en zelfs het opbouwen van een succesvolle carrière was volgens Tames wel degelijk mogelijk voor oud-politiek delinquenten. De belangrijkste voorwaarde hiervoor was dat nadrukkelijk afstand werd genomen van het 'foute' verleden, door het nationaalsocialisme af te zweren en bijvoorbeeld op te gaan in één van de gevestigde maatschappelijke zuilen van het verzuilde Nederland.

Ter illustratie kan hier verwezen worden naar de inhoudelijke rapportages die de toezichthouders van de Stichting Toepzicht Politieke Delinquenten, afdeling jeugdzaken bij hielden. Over Hugo Nijenhuis werd in juni 1949 bijvoorbeeld opgemerkt: ""wil vooruit, wil het verleden vergeten. Weert omgang met vrienden uit "oude tijd", gaat trouw ter kerke".[249] Op initiatief van diezelfde STPD werd zoals we eerder zagen Hugo in staat gesteld om zijn dienstplicht te voldoen, in het kader van zijn re-integratie in de samenleving.

Deze acceptatie was dus zeker niet zonder voorwaarden, en mag ook vooral niet als 'totaal' worden begrepen. De mogelijkheid om een nieuw bestaan op te bouwen bleef voor deze mensen in sterke mate afhankelijk van de welwillendheid en vergevingsgezindheid van hun omgeving. 'Als iemand in de omgeving kwaad wilde, kon hij altijd proberen de oud-NSB'er of zijn familie uit te sluiten op basis van het oorlogsverleden. Kennis over het

---

248 Tames, *Doorn in het vlees*, 353.
249 Centraal archief Bijzondere rechtspraak, 86482, Nijenhuis, Hugo, Rapportage STPD juni 1949.

oorlogsverleden was en bleef een troefkaart'.[250] Deze afhankelijkheid leidde bij voormalige politieke delinquenten, volgens Tames, soms tot een gevoel van afhankelijkheid en kwetsbaarheid, en het interpreteren van tegenslagen als gevolg van het verleden. Afwijzingen bij sollicitaties enzovoorts werden allemaal op conto van het verleden geschreven, wat nogal eens tot verbittering kon leiden onder voormalig delinquenten en hen in sommige gevallen overtuigde van het idee nog dagelijks op het verleden te worden afgerekend.

Ook de willekeur, chaos en onduidelijkheid waar veel politieke delinquenten in de directe nasleep van de bevrijding mee werden geconfronteerd zullen hebben bijgedragen aan het gevoel 'er niet bij te horen'. In de eerste periode na het einde van 'de oorlog' werd geprobeerd de 'landverraders' volledig uit de samenleving te bannen, en werden zij 'persoonlijk verantwoordelijk gehouden voor al het leed dat de bevolking was aangedaan tijdens de bezetting'.[251] Het is dus niet onbegrijpelijk dat oud- politiekdelinquenten zich soms wantrouwig opstelden ten opzichte van de staat en hun medeburgers.

'Het gevoel geen vanzelfsprekend deel te zijn van de Nederlandse samenleving werd dus niet veroorzaakt door doelbewust optreden van de overheid, of een gesloten maatschappelijk front van afwijzing, maar door de onzekerheid veroorzaakt door de eigen kwetsbare positie. Men [voormalige politieke delinquenten] voelde zich als het ware een soort tweederangsburgers, óók toen er van een formele afwijkende positie als Nederlands burger allang

---

250 Tames, *Doorn in het vlees*, 357.
251 Grevers, *Van landverraders tot goede vaderlanders*, 165-190-191.

geen sprake meer was.'[252] Rehabilitatie was mogelijk maar niet vanzelfsprekend, 'iemand met een 'fout' verleden bleef daarom altijd kwetsbaar'.[253] Getuigen hiervan zijn bijvoorbeeld de talloze particuliere aanvragen omtrent het oorlogsverleden, van bijvoorbeeld sollicitanten, die binnenstroomden bij het Bureau Bijzondere Rechtspleging.[254] Ook de eerdere verwijzing naar het oorlogsverleden als 'troefkaart' is veelzeggend. Ondanks formeel hersteld in verloren burgerrechten bleven oud-collaborateurs 'fout' en dat was soms net genoeg om een balans in hun nadeel door te laten slaan, maar het hoefde tegelijkertijd niet vanzelfsprekend tot uitsluiting te leiden:

'Het is opvallend dat oud-NSB'ers die afstand namen van hun politieke verleden en zich conformeerden aan de nieuwe regels (van werk, buurt of kerk) vaak succesvol een nieuw bestaan wisten op te bouwen. Oud-NSB'ers die daarentegen volhardden in hun oude identiteit botsten telkens met de harde maatschappelijke afwijzing van het nationaalsocialisme. De belangrijkste conditie om re-integratie mogelijk te maken was daarmee afwijzing van de nationaalsocialistische ideologie door de oud-collaborateurs en daarmee acceptatie van de naoorlogse morele orde, waarin het nationaalsocialisme gelijkstond aan 'fout''. Dit harde uitgangspunt van 're-integratie op voorwaarden' is ook bij de overheid te zien. De Nederlandse staat wilde het liefst de

---

252 Tames, *Doorn in het vlees*, 358.
253 Tames, *Doorn in het vlees*, 357.
254 Tames, *Doorn in het vlees*, 347-348.

oud-collaborateurs en hun gezinnen zo snel mogelijk integreren. Sterker nog, het beleid was gericht op assimilatie.'[255]

Men moet er zich hierbij wel van bewustzijn dat dit proces op gang kwam na een aanvankelijke 'zuivering' van de maatschappij, het collectief uitsluiten van NSB'ers en andere (vermeende)collaborateurs, door gedwongen verblijf in internerings -en gevangenenkampen.

3.2 Ontvangst in de Landmacht

'Ze hadden jullie allemaal dood moeten schieten!'
Zoals al eerder opgemerkt had de Waffen-SS na de Tweede Wereldoorlog geen goede naam bij de Nederlandse bevolking. Het ligt dan ook voor de hand om te veronderstellen dat negatief werd gereageerd op militairen wanneer hun SS-verleden bekend was geraakt. Zo kregen Bastiaan Herber en Pieter Klaas Smit de wind flink van voren toen zij zich als vrijwilliger melden bij het NDVN en daarbij hun achtergrond ter sprake kwam.[256] Toch blijkt dit niet uitsluitend het geval te zijn geweest. De ervaringen van Jan Niessen en Jan Folmer, de meest uitgebreide (auto)biografische documenten, wijken in dit opzicht sterk van elkaar af.

De eerste reactie van Jan Niessens pelotonscommandant toen deze op de hoogte werd gesteld van Niessens verleden is veelzeggend: "Wat! SS!' Riep hij. 'Wat doe jij hier? Hoe kom jij hier? Ze hadden je moeten doodschie-

---

255 Tames, *Doorn in het vlees*, 345.
256 Van Doorn, *Pieter Klaas Smit, Bastiaan Herber*.

ten! Jullie allemaal!"[257] Maar daar bleef het ook bij. Later zou deze pelotonscommandant nog terugkomen op zijn initiële uitbarsting, en uiteindelijk zou hij zich inspannen voor Niessens rehabilitatie door journalist Ger Verrips op Niessens spoor te brengen om diens relaas vast te leggen. Dit streven heeft geresulteerd in het boek *Mannen die niet deugden* een dubbelportret waarin zowel het verhaal van Niessen als dat van zijn pelotonscommandant vertelt.

In een rond de jaarwisseling van 2000/2001 door hem zelf op papier gezet, maar nooit gepubliceerd, verslag van zijn ervaringen schrijft Niessen ook nog het volgende: 'Een hele tijd later, ik was alweer lang en breed in het Nederlandse leger, kreeg ik een schrijven met de uitspraak anderhalf jaar met aftrek van de in Russische gevangenschap doorgebrachte tijd. Het vonnis op het Eskadronsbureau in het bijzijn van alle officieren en onderofficieren voorgelezen. Later waren er slechts enkelen, die lieten merken dat ze me slecht gezind waren.'[258]

'Zijn SS-verleden leidde in het peloton waar hij bij was ingedeeld nooit tot moeilijkheden. "Ik had er misschien een probleem behoren te zijn" opperde hij sarcastisch. "Maar dat ben ik daar toch nooit geweest. Alleen in het begin had ik problemen. Met mezelf."'[259] Deze herinneringen, opgenomen in het boek van Verrips, komen volledig overeen met het beeld dat militair historicus Jaques Bartels schetst in het afzonderlijke hoofdstuk *Huzaren in voorheen vreemde krijgsdienst*:

---

257 Verrips, *Mannen die niet deugden*, 132-133.
258 Niessen, *Jeugdsentiment en crisistijd*.
259 Verrips, *Mannen die niet deugden*, 129.

Eenmaal als dienstplichtig huzaar ingedeeld bij het 2ᵉ eskadron vertelde Niessen in Amersfoort aan zijn pelotonsgenoten dat hij bij de *Waffen SS* aan het Oostfront had gediend. De reacties vielen Niessen mee. Eerst zei niemand iets, later kwamen er wel vragen, eerder nieuwsgierig dan veroordelend. Zijn hele diensttijd zou Niessen van zijn medehuzaren geen last hebben.[260]

Het ligt voor de hand dat Niessens militaire ervaring in Indië goed van pas kwam. Als snel deed hij 'het zelfde werk deed als de sergeants en korporaals, met de zelfde verantwoordelijkheid', maar desondanks bleef hij gewoon soldaat. Uiteindelijk bracht hij het pas erg laat, op 30 april 1949, niet verder dan soldaat eerste klasse. In Niessens ogen hield deze late bevordering verband met zijn verleden, en tilde het kader daar volgens hem blijkbaar zwaarder aan dan zijn pelotonsgenoten.[261]

Dat blijkt ook uit een anekdote waarin Niessen een sergeant aanspreekt op diens gevaarlijke gedrag, wanneer deze besluit open en bloot in vijandelijk gebied uitgebreid de kaart te bestuderen. De sergeant in kwestie heeft zich blijkbaar al vaker geërgerd aan Niessens 'tips':

Ik moest eens afleren zo'n hoge toon aan te slaan en net te doen of ik altijd alles beter wist dan hij. ''Maar dit weet ik ook beter!'' heb ik toen gezegd. Hij trok wit weg, kon niet uit zijn woorden komen en gaf me

---

260 Bartels, *Tropenjaren: Patrouilles en ploppers*, 455.
261 Verrips, *Mannen die niet deugden*, 133. Vgl. Bartels, *Tropenjaren: Patrouilles en ploppers*, 236.

opeens een klap in mijn gezicht. Hij zei er wel niets van, maar hij zal aan mijn SS-verleden hebben gedacht. Dan denken ze al gauw dat ze zich alles kunnen veroorloven.[262]

Of het deze sergeant ook daadwerkelijk om Niessens verleden te doen is geweest, weten we niet. De man kon natuurlijk net zo goed zenuwachtig zijn geweest. De patrouille bevond zich immers in vijandelijk terrein, en de sergeant was blijkbaar verdwaald geraakt. In zo'n situatie zal een opmerking als van Niessen zijn overgekomen als het in twijfel trekken van zijn autoriteit, waardoor bij hem de stoppen doorsloegen. Mogelijk speelden beide factoren mee, en hebben ze elkaar juist versterkt. Deze situatie is in ieder geval interessant omdat Niessen het optreden van deze sergeant zelf omschrijft als gemotiveerd door zijn SS-verleden. Die gedachtegang zien we ook sterk terug in de bovenstaande conclusies van Tames.

'Men heeft geprobeerd mij uit de weg te ruimen'

Waar Jan Niessens leven slechts spreekwoordelijk werd bedreigd met de verwensing van zijn pelotonscommandant, werd Jan Folmer meerdere malen het doelwit van een mislukte aanslag op zijn leven. Het blijft onduidelijk hoeveel aanslagen er precies op Folmers leven zijn gepleegd; Peter Gerritse schrijft in *De verzetsvrouw en de SS'er* uit 2005 over drie aanslagen, waarvan twee met een mes. Tijdens een interview opgenomen in de documentaire *De voorste linie* uit 2006 spreekt Folmer zelf over

---

262 Verrips, *Mannen die niet deugden*, 134.

twee aanslagen, één met een mes en een poging om hem over boord te duwen.[263]

In deze documentaire komt Folmer samen met een aantal andere veteranen aan het woord over hun tijd in Korea, en wordt uitgebreid stilgestaan bij Folmers SS-verleden. Hierdoor wordt het verhaal van twee kanten belicht en krijgt de kijker een inzicht in de opvattingen en herinneringen van Korea-veteranen aangaande de aanwezigheid van voormalige militaire collaborateurs. Daarmee vormt deze film een fraai voorbeeld van *oral history*, en een fantastische bron van informatie voor dit onderzoek.

Hoewel deze aanslagen op Folmers leven 'passen' in het grotere plaatje van de lotgevallen van oud-SS'ers in de eerste jaren na de oorlog, is het opzienbarend om te lezen dat dit in 1951 onder militairen kon gebeuren. Een moordaanslag is toch niet niets, dit maakt dat deze zaak om opheldering vraagt. Een terplekke opgemaakt proces verbaal zou bijvoorbeeld helpen om deze gebeurtenis in het juiste daglicht te plaatsen. Daarvan ontbreekt helaas ieder spoor.

Vermoedelijk hebben de betrokkenen geprobeerd dit incident niet aan de grote klok te hangen. Dat vermoeden werd door Jan Folmer later bevestigd.[264] Jan Montijn die toch op datzelfde schip heeft mee gevaren, en nota bene deel uitmaakte van het militaire politie detachement heeft er tegen Kooiman in ieder geval niets over vermeld. Het is ook maar de vraag of deze gebeurtenis ooit officieel

---

263 Gerritse, *De verzetsvrouw en de SS'er*, 214. Vgl. J.J.R. Folmer in: *De voorste linie.*
264 J.J.R. Folmer, interview 31-8-2014, Maria Alm.

is gemeld. Dat zou immers de nodige gevolgen voor de betrokkenen impliceren en daarover rept Folmer met geen woord. Dat ligt natuurlijk ook in lijn met zijn voornemen: 'zorg dat je niet opvalt!'.

Als het incident wel zou zijn 'opgemerkt', zou het terug moeten komen in het reisverslag van de C-compagnie. Van de heen en terugreis van ieder (aflossings)detachement voor het NDVN werd een nauwkeurig reisverslag opgetekend, waarin het wel en wee van de troepen aan boord van het transportschip staat weergegeven. Cabaretvoorstellingen, zeeziekte en soms zelfs corveeroosters: het staat allemaal in deze verslagen die voor een belangrijk deel bewaard zijn gebleven, en thans zijn opgenomen in de collectie Nederlands Detachement Verenigde Naties in Korea bij het Nationaal Archief. Het reisverslag van de C-compagnie ontbreekt hierin helaas.

Hoewel deze aanslagen op Folmer een extreem geval vertegenwoordigen, tonen dergelijke incidenten wel aan dat niet iedereen even welwillend was ten opzichte van Folmer en zijn lotgenoten. Opvallend is dat deze aanslagen plaats vonden op de heenreis naar Korea, toen zijn medestrijders nog niet had kunnen profiteren van Folmers fronterervaring. Achteraf heeft hij het naar eigen zeggen in Korea zelfs bijgelegd met één van de betrokkenen, die blijkbaar tot inkeer was gekomen.

'Als ik in de buurt was werd er gezwegen'
Verder geeft Folmer toe dat hij uiteindelijk wel het respect van de soldaten om hem heen wist te winnen, maar dat hij zichzelf toch bleef beschouwen als een soort paria. 'Als ik in de buurt was werd er gezwegen.' Ook later bij

een reünie van het bataljon in Schaarsbergen 'wilde [niemand] met "die SS'er" worden gezien' schrijft Gerritse naar aanleiding van zijn interviews met Folmer.[265] Reflecterend op zijn ervaringen in Korea en de omgang met zijn verleden aldaar liet hij het volgende weten: 'Kameraadschap bestaat niet in het Nederlandse leger, het Nederlandse volk wil niet vergeven'[266].

Dit door Folmer omschreven gevoel 'er' niet helemaal bij te horen komt ook sterk tot uitdrukking in de opvattingen van Korea-veteraan en majoor d. W. van der Veer in *De voorste linie*: 'Er zat een tiental bij ons dat voor de Duitsers had gewerkt. Ja, ze zaten onder ons. We bekeken ze met een scheel oog aan één kant, aan de andere kant hadden we een beetje medelijden met ze. Ik heb ze nooit helemaal vertrouwd'. [267] Hoewel niet specifiek toegespitst op Folmer, kan deze uitspraak wellicht worden beschouwd als een bredere opvatting onder de troepen.

Een totaal andere visie op de acceptatie van oud-SS'ers binnen het NDVN komt van de al eerder genoemde Joop Glimmerveen: 'Naar mijn schatting had vijf à tien procent van de Korea-vrijwilligers dienst gedaan in de Waffen-SS of in aanverwante organisaties. In sommige tenten was de voertaal bij wijze van spreken Duits zodat gemarcheerd werd onder het gezang van "*O, du Schöner Westerwald*" en van het Horst Wessellied. Met andere woorden: er viel niets te vergeven; de voormalige Waffen-SS'ers waren volkomen geaccepteerd en vormden in wezen, mede op grond van hun oorlogservaring, een leidend en

---

265 Gerritse, *De verzetsvrouw en de SS'er*, 238.
266 Folmer, interview 31-8-2014.
267 W. van der Veer, in: *De voorste linie*.

de troep dragend element.'[268]Folmer zelf zegt in ieder geval het beeld dat Glimmerveen schetst niet te herkennen. Ook de andere Korea-veteranen die in *De voorste linie* aan het woord komen vertellen niets dat deze herinnering van Glimmerveen onderschrijft. In dit geval is de wens zeer waarschijnlijk de vader van de gedachte, daar Glimmerveen zich jaren na Korea zou ontpoppen als toonaangevend figuur in het Nederlandse neonazisme.

Volgens de toenmalige luitenant, inmiddels kolonel b.d. en oud-voorzitter van de Vereniging Oud Korea Strijders (VOKS), L.C. Schreurders was er 'een aantal mannen die goed de pest aan hem [Folmer] hadden'. Maar, vraagt Schreurders zich terecht af, of dit kwam vanwege Jan Folmers verleden of omdat hij 'hen op een aantal punten de loef afstak. Want hij toonde zich een beter militair dan verschillende anderen.'[269]Deze opmerking van Schreurders slaat de spijker op de kop waar het gaat om de afkeer die een aantal militairen voor Folmer voelden.

Net als de boven beschreven aanvaring van Jan Niessen met zijn sergeant, hoeft hierbij niet uitsluitend het verleden een rol te hebben gespeeld. Mogelijk speelden hierbij ook andere factoren, -Schreuders noemt afgunst,- een rol. Het idee dat dit wel het geval was kan, volgens Tames, evengoed zijn voortgekomen uit een gevoel van rancune en een zelf ervaren slachtofferschap. Maar tegelijkertijd is het ook niet ondenkbaar dat 'het verleden' inderdaad bepalend is geweest voor de mening die anderen over

---

268 Gerritse, *De verzetsvrouw en de SS'er*, 239. Naar ingezonden brief J.Glimmerveen in *De Opmaat*.
269 L.C.Schreurders in: *De voorste linie*.

deze personen vormden, bijvoorbeeld omdat Folmers SS-verleden in het geniep de compagnie was binnen gesijpeld; hij probeerde het zelf immers te verzwijgen.

Hierin ligt een wezenlijk verschil met de lotgevallen van Niessen die, zoals we al eerder zagen, zelf zijn verleden opbiechtte tegen zijn pelotonsgenoten en zonder meer in die gemeenschap werd opgenomen. Misschien dat hierin de willekeur van de dienstplicht ook een rol heeft gespeeld, waardoor pelotonsgenoten zich eerder bij Niessen's verleden heeft neergelegd. Aan de andere kant appelleert Niessens 'coming out' heel sterk aan de door Tames beschreven breuk met het verleden, die door haar als noodzakelijk te nemen horde voor herintegratie wordt omschreven.

Ook Bastiaan Herbert besluit in Korea open kaart te spelen over zijn verleden. Hij neemt een aantal kameraden in vertrouwen, en houdt daar zijn beste vriend aan over. Naar eigen zeggen leverde zijn achtergrond bij de *Technische Nothilfe* aan het oostfront geen belemmeringen op in de professionele en vriendschappelijke sfeer binnen de compagnie waar in hij dienst deed in Korea.[270]

Uit Folmers verhaal komt in dit opzicht een heel andere gang van zaken naar voren. Deze omschrijft zijn aanmelding bij het NDVN als 'een laatste afbetaling van zijn schuld ten opzichte van het Nederlandse volk'.[271] Zijn formele schuld had hij immers al afbetaald het uitzitten van zijn vonnis, op 14 juli 1947 vastgesteld als 'drie jaren

---

270 Doorn, van, *Bastiaan Herbert*.
271 J.J.R. Folmer in *De voorste linie*.

detentie, 'zonder enige aftrek van voorarrest".[272] Bovendien zo benadrukt hij tegenover Gerritse en in *Waffenbrüder* probeerde Folmer zijn verleden verborgen te houden voor zijn peloton.

Een vrijwillige uitzending naar Korea bood, voortborodurend op de bevindingen van Ismee Tames, de kans om vervroegd in een aantal burgerrechten te worden hersteld. De ontzetting uit het recht om te mogen dienen in de gewapende macht moest hiervoor bijvoorbeeld worden teruggedraaid. In de praktijk zagen we echter al dat voor de zogenaamde "jeugdgevallen" in ieder geval deze ontzetting al lang was terug gedraaid.

Toch lijkt het erop dat Folmer zijn uitzending naar Korea veel eerder zag als een poging, om zijn persoonlijke eer te herstellen in de ogen van het Nederlandse volk. Vandaar ook dat hij zijn SS-verleden, waarvan hij wist dat het mogelijk 'problemen' op zou kunnen leveren, liever buiten beschouwing probeerde te laten. Zodoende nam hij er niet, of pas te laat, publiekelijk afstand van. Mogelijk is dit bij zijn medestrijders in het NDVN in het verkeerde keelgat geschoten.

Door zijn verleden te verbergen kwam het voor Folmer namelijk niet tot de door Tames beschreven openlijke breuk met het verleden. Daardoor bleef het Jan Folmer achtervolgen en voelde deze zich nooit helemaal opgenomen in de wapenbroederschap binnen het NDVN; in tegenstelling tot Niessen die besloot open kaart te spelen en daarmee de lucht klaarde. Vooral het door Folmer omschreven gevoel achteraf op reünies te worden buitengesloten is in dit opzicht erg interessant, omdat hij inmid-

---

272 Gerritse, *De verzetsvrouw en de SS'er*, 207.

dels al wel met het NDVN door het vuur was gegaan. Van één universele afwijzing of acceptatie van oud-SS'ers lijkt in ieder geval geen sprake te zijn, en de reacties die hun oorlogsverleden binnen de krijgsmacht hebben opgeroepen , en de manier waarop met dit verleden werd omgegaan zal waarschijnlijk van geval tot geval verschillen. Het eerder aangehaalde citaat van Martin van Creveld lijkt hier dus niet in alle gevallen van toepassing.

Als we de verhalen van Folmer en Niessen opvatten als twee uitersten, dan kan worden geconcludeerd dat van een eenduidige afwijzing of acceptatie van het SS-verleden binnen de Landmacht geen sprake kan zijn geweest. Er kan dus niet worden gezegd dat informeel binnen de Landmacht structureel werd neergekeken op voormalige militaire collaborateurs vanwege hun verleden, maar tegelijkertijd niet worden uitgesloten dat dit in sommige gevallen wel degelijk is gebeurd.

3.3 Professionele behandeling

Doorgewinterde vechtjassen?
Zoals al eerder opgemerkt, bestaat bij het brede publiek het beeld dat de *Waffen-SS* hoofdzakelijk bestond uit bloedfanatieke en doorgewinterde vechtjassen. Dat beeld is slechts gedeeltelijk in overeenstemming met de historische werkelijkheid, maar een aantal divisies van de *Waffen-SS* behoorde onmiskenbaar tot de effectiefste formaties van de Duitse strijdkrachten in de Tweede Wereldoorlog. Daaronder was de divisie *Wiking* waarin ook veel Nederlanders, bijvoorbeeld Jan Folmer, dienden. Men kan zich dus voorstellen dat oud-SS'ers met

hun aan het Oostfront opgedane gevechtservaring een waardevolle toevoeging vormden voor de eenheden waarin zij later dienst deden.

Tegelijkertijd kan men zich afvragen in hoeverre deze mannen dit imago van geharde frontsoldaten in de Landmacht bevestigden, hetgeen mogelijk een zekere mate van respect afdwong bij andere militairen. In dit kader is het interessant om te vermelden dat drie van de onderzochte Koreagangers, na hun eerste uitzending besloten om bij te tekenen voor het NDVN. Jan Folmer en Jan Enninga dienden beiden twee rotaties in Korea, Willem Hendrik Zinkstok. diende nadat hij al viereneenhalf jaar in Indië had gezeten zelfs drie rotaties in Korea.[273]

Willem Hendrik Zinkstok was niet de enige oud SS'er die zowel in Korea als in Indië diende bij de Landmacht: ook Hendrik Jan van Dijk en Bernard de Roo. Bovendien is van Jan Enninga, Jan Montijn bekend dat ze dienden bij het Franse Vreemdelingen Legioen en stond oud-SS'er en Korea vrijwilliger Leo Klaassen in 1956 aan de wieg van een 'Nederlands Legioen tot bijstand van de partizanenstrijd in Hongarije'. Een aantal van de mannen in kwestie mag dus zondermeer als 'strijdlustig' worden aangemerkt, maar het zou te ver gaan om allen hier over één kam te scheren. Henry Sonneville, Freek ter Horst en Adriaan Duivenstein werden bijvoorbeeld vanwege gebreken vanuit Korea gerepatrieerd. Sonniville deserteerde vervolgens zelfs naar de DDR, waar hij uiteindelijk voor de STASI zou gaan werken.[274]

---

273 Persoonlijke correspondentie J.J.R. Folmer, 05-06-2014 en Persoonlijke staten van dienst Jan E. & Willem Hendrik Z.

274 Kamp, van de., *Bandieten, te wapen!* 192-193.

Waardevolle gevechtservaring

In *De voorste linie* komt een sterke waardering voor Folmers militaire kunde naar voren bij zijn superieuren. Dat komt in grote lijnen overeen met het beeld dat hij zelf schetst in *Waffenbrüder* en het portret van Gerritse. Dit beeld lijkt een soort door Folmer ervaren onderscheid op te werpen tussen professionele en kameraadschappelijke waardering van zijn aanwezigheid. Van een alles overheersend gevoel van wapenbroederschap, en de relativering van het verleden door gezamenlijk ondergaan gevaar lijkt in Folmers ervaringen in Korea geen sprake te zijn geweest. 'Kameraadschap bestaat niet in het Nederlandse leger' merkt hij achteraf op. Dat staat in sterk contrast met zijn ervaringen in de *Waffen-SS*, waaraan het grootste gedeelte van zijn boek, dat hij de veelzeggende titel *Waffenbrüder* heeft meegegeven, is gewijd.

Over Folmers militaire prestaties is bijvoorbeeld (luitenant) Schreurders achteraf opvallend enthousiast: 'Je kon hem er echt op uit sturen met een patrouille. Hij was verrekt goed!'. In Korea doorliep Folmer twee achtereenvolgende rotaties, en schopte het tot sergeant en instructeur in de ondersteuningscompagnie.[275] Dat zegt toch zeker wat over zijn militaire kunde, en de professionele waardering daarvoor binnen het NDVN. Bovendien, zo laat hij achteraf weten, was Folmer verschillende malen door zijn superieuren geraadpleegd bij het beoordelen van terreinsituaties en verkenningen.[276] Maar dat blijft natuurlijk iets anders dan een kameraadschappelijke waardering.

---

275 Folmer, *Waffenbrüder*, 217.
276 Brief Folmer, 5 juni 2014.

Ook uit het verhaal van Jan Niessen komt een grote mate van professionele waardering voor de gevechtservaring die hij ten toon kan spreiden naar voren. Dat kan goed worden begrepen, omdat mannen als Folmer en Niessen door hun aan het Oostfront opgedane ervaringen een stapje voor hadden op de kersverse soldaten om hen heen. Ervaren troepen zijn kostbaar en belangrijk voor het functioneren van de troep als militair instrument.

Zo spreekt de adjudant buiten dienst W.H. Berendsen, afkomstig uit Nederlands-Indië, in *De voorste linie,* bijvoorbeeld vol lof over de prestaties van een niet bij naam genoemde oud-SS'er in zijn peloton. 'We hebben er één gehad bij ons in het peloton, werkelijk het is fantastisch. Die knaap is terug gegaan om gewonden en lijken op te halen, in z'n eentje. Hij was ex-SS'er!'[277] Misschien dat 'het verleden' voor Berendsen van ondergeschikt belang was, omdat hij per slot van rekening een hele andere 'oorlog' had mee gemaakt waarin de SS geen rol speelde. Maar de informele waardering voor het professionele optreden en de gevechtservaring van deze mannen lijkt een gegeven. Het nadeel van dit soort complimenten als graadmeter voor de professionele waardering van voormalige militaire collaborateurs blijft natuurlijk hun subjectieve karakter. Gelukkig biedt de militaire organisatie ook tal van formele vormen van erkenning en waarderingssymbolen, aan de hand waarvan tevens kan worden getoetst of oud-SS'ers binnen de Landmacht formeel werden gediscrimineerd op basis van hun politieke- en militaire verleden.

---

277   W.H. Berendsen in: *De voorste linie.*

Onderscheiden

Het toekennen van onderscheidingen en eretekens, is een binnen de krijgsmacht gehanteerde methode, om dank en waardering voor het optreden van individuele militairen en eenheden te tonen. Bovendien gaat het toekennen van onderscheidingen gepaard gaat met enig ceremonieel en het nodige prestige. Het om prestigieuze redenen niet willen toekennen van onderscheidingen aan oud-SS'ers en collaborateurs, zou een maatregel kunnen zijn om deze mannen op hun plaats te wijzen als tweederangs militairen.

Uit de geraadpleegde militaire dossiers blijkt bovendien dat deze mannen gewoon de 'normale' herinneringsmedailles, zoals het *Kruis voor Recht en Vrijheid* voor de Korea-gangers en het *ereteken voor Orde en Vrede*, kregen uitgereikt. Dat betekent dat zij door de Landmacht werden erkend als veteraan en gewaardeerd voor hun inzet. De Landmacht heeft dus niet geprobeerd deze mannen als tweederangs militairen na gebruik af te danken, maar hen op de gebruikelijke manier voor hun inzet beloond.

Ook werden Verschillende voormalige militaire collaborateurs in Korea onderscheiden voor getoonde moed. Zo ontvingen oud SS'er Pieter Klaas Smit(postuum) het *Bronzen Kruis* en oud-*Kriegsmarine* matroos Diederick de Jong zelfs de prestigieuze onderscheiding *De Bronzen Leeuw.*[278]

Bevordering

Het ligt voor de hand om te denken dat oud-SS'ers, wanneer zij door de Landmacht als tweederangs militairen

---

278 Valk, *Vechten voor Vijand en Vaderland,* 109.

werden beschouwd, zouden zijn achtergesteld in bij het opklimmen in de rangen, of voor promotie niet in aanmerking kwamen. Bevordering tot een onderofficiersfunctie is een veelvuldig terugkerend onderwerp in de bestudeerde verhalen. Ik wees al eerder op het interview dat deze oud-SS'er en Korea-veteraan in 1968 gaf voor de VARA-radio, waarin bleek dat deze man na Korea als sergeant-instructeur werd aangesteld bij de Koninklijke Landmacht. De reactie van het Ministerie van Defensie op deze onthulling was veelzeggend: 'Oud-SS'ers die tijdens hun dienstneming aan het Oostfront nog minderjarig waren, konden zich in 1952 nog rehabiliteren door dienstneming in het Nederlandse regiment der Verenigde Naties in Korea. Hadden zij die dienst volbracht, dan moest men hen inderdaad als gerehabiliteerd beschouwen. Zij konden dus- naar de opvatting van de regering in 1952 en 1953- ook worden aangesteld in het leger'.

Ook van Willem Timmers weten we dat hij het tot Sergeant-instructeur bij de Landmacht heeft gebracht, waar hij in 1961 afzwaaide; net als de door de VARA geïnterviewde man.[279] Misschien is hij wel die anoniem geïnterviewde ex-SS'er. Er bestaan in elk geval een hoop parallellen tussen de beide verhalen. Het toeval wil echter dat ook Jan Montijn het tot sergant-instructeur bij de Landmacht wist te brengen. Constant Magnee werd zelfs bevordert tot Sergeant-Majoor. Willem Timmers is dus geen uniek geval is geweest. Oud-SS'ers konden dus ook gewoon promotie maken binnen de krijgsmacht zoals de geïnterviewde man naar voren bracht. Toch bestaat hierover bij tenminste drie van hen de nodige twijfel.

279 Van der Zee, *Voor Fuhrer volk en vaderland*, 265.

In Korea werd ook Jan Folmer te velde tot Sergeant-Instructeur bevorderd, een tijdelijke promotie weliswaar, maar juist vanwege de omstandigheden waaronder ze plaatshad een duidelijke waardering voor zijn professionaliteit. Folmer had zich als oorlogsvrijwilliger voor de duur van één jaar, later met één jaar verlengd, aangesloten bij het NDVN, en was niet als beroepsmilitair in dienst getreden en naar Korea gezonden, zoals ook blijkt uit de gebruikte formulering in de staten van dienst van andere Koreagangers, waardoor zijn bevordering van tijdelijke aard bleef. 'Alle in Korea uitgedeelde bevorderingen zijn bovendien tijdelijk' laat hij aan Gerritse weten.[280] Na Korea doorgroeien naar een (onder)officiersfunctie als beroepsmilitair zit er voor hem niet in, naar eigen zeggen vanwege zijn verleden: "Folmer," zegt hij[Overste Christan naar aanleiding van Folmers verzoek], "in het Nederlandse leger is voor u helaas geen toekomst weggelegd."[281]

Eerder zagen we al dat Jan Niessen te velde nagenoeg de functie van Sergeant uitoefende, terwijl hij er formeel niet in slaagde op te klimmen boven de functie van soldaat 1ste klasse. Ook Johan Polet krijgt op dit gebied te maken met een spreekwoordelijk glazen plafond. De gymnasiast Polet valt als soldaat bijzonder op bij zijn opleidingskader, en wordt zonder aarzelen voorgedragen voor een officiersopleiding. Als zijn verleden als Landwachter ter sprake komt wordt echter besloten dat het vervullen van een kaderfunctie met zijn achtergrond uit-

---

280 Gerritse, *De verzetsvrouw en de SS'er*, 224.
281 Gerritse, *De verzetsvrouw en de SS'er*, 224.

gesloten is.[282]Ook deze gevallen lijken er dus op te wijzen dat oud-collaborateurs werden tegengewerkt in het maken van een militaire carrière, anderzijds bewijzen de lotgevallen van Willem Timmers. en Montijn het tegenovergestelde.

Jan Franken herinnert zich het volgende: "Op een gegeven moment zou een van onze groep worden bevorderd tot korporaal. Er waren twee gegadigden, de keuze viel niet op mij. De officier zei: 'Je doet je best. Eigenlijk wilden we jou bevorderen, maar dat kan niet vanwege je verleden'.[283] Volgens eigen zeggen hebben de "Jannen" Niessen, Folmer en Franken op de een of andere manier last gehad van hun SS-verleden bij het opklimmen op de hiërarchieke ladder binnen de krijgsmacht. Folmer bracht het in Korea wel tot Sergeant.

Dat is opmerkelijk omdat bijvoorbeeld Willem Timmers, de man die voor de VARA zijn verhaal deed en Montijn na Korea wel in beroepsdienst konden. Het zou natuurlijk zo kunnen zijn dat de specifieke functionaris die ging over zijn geval op grond van zijn SS-verleden heeft besloten om Folmers verzoek af te wijzen. Maar daar kunnen ook andere redenen aan ten grondslag hebben gelegen. Later werpt Folmer zelf een ander licht op de zaak, en schrijft hij zijn verzoek op aanraden van de Overste Christan te hebben ingetrokken.[284] Dat plaatst het hierboven

---

282 Centraal Archief Bijzondere Rechtspleging, 65420, Polet, Johan, beoordeling te velde.
283 Van der Linden, 'De bevrijding van een SS'er'.
284 Brief Folmer, 5 juni 2014.

aangehaalde citaat uit *De verzetsvrouw en de SS'er* toch wel in een ander daglicht.

Ook van Willem Timmers, Hugo Neijenhuis, Constant Magnee, Jan Montijn, Jan Enninga en Theodorus Smakman is uit hun persoonlijke dossiers of eigen herinnering bekend dat zij een onderofficiersfunctie hebben bekleed. Alles bij elkaar wekt dit niet de indruk dat het oud-SS'ers stelselmatig werd belet om op te klimmen in de rangen. De letterlijke interpretatie van de verklaring van het Ministerie van Defensie uit 1968 suggereert ook, in ieder geval voor de Koreagangers, dat van structurele tegenwerking geen sprake kan zijn geweest. '[Zij] konden zich in 1952 nog rehabiliteren door dienstneming in het Nederlandse regiment der Verenigde Naties in Korea. Hadden zij die dienst volbracht, dan moest men hen inderdaad als gerehabiliteerd beschouwen. Zij konden dus- naar de opvatting van de regering in 1952 en 1953- ook worden aangesteld in het leger.' Een logische voortzetting van die gedachte is dat de mannen in kwestie na afloop van hun vrijwillige diensttijd in Korea zelf hebben besloten om beroepsmilitair te worden, omdat zij wisten dat deze optie voor hen openstond; of zij zelf hebben besloten om naar de mogelijkheden hiertoe te informeren.

Vanuit hun perspectief bezien kan die keuze goed worden begrepen, van eventuele 'last' van het verleden bij het opbouwen van een carrière in de burgermaatschappij zouden zij op deze manier verlost zijn. Bovendien: welke carrièrekansen zouden zij daar eigenlijk hebben gehad? Vanwege hun jeugdige in dienst treden in de *Waffen-SS,* en de daaropvolgende jaren doorgebracht in tuchthuizen en heropvoedinginstituten bevonden zij zich in een alles behalve gunstige sollicitatiepositie: geen of een niet afgemaakte opleiding, gebrek aan relevante werkervaring en bovendien 'fout'. De keuze voor het vervolgen van een toch al aangevangen militaire loopbaan klinkt begrijpelijk.

Profiteren van ervaring?

Het forse aantal instructeur functies bij de overgang naar een beroepsdienstverband springt in het oog. We zagen al dat de KL van deze ervaring in gevechtsomstandigheden had kunnen profiteren. Probeerde de KL deze ervaring wellicht stelselmatig vast te houden en over te dragen? De door de VARA geïnterviewde man, Montijn en Timmers. bekleedden naar eigen zeggen een instructeursfunctie. Probeerde de Landmacht hiermee in vredestijd optimaal te profiteren van de ruime oorlogservaring van deze mannen?

'Leidde oud-SS'er onderofficieren op?' kopte *Trouw* op 26 juni 1968.[285] Deze kop impliceert de vraag of de Landmacht in het bijzonder op zoek was naar oud-SS'ers om een instructeurs rol te vervullen. Het opvallende aantal sergeant-instructeur functies kan echter gemakkelijk worden verklaard vanuit de aard van de toenmalige krijgsmacht het kader-militie-leger. Een belangrijke taak voor het professionele kader, bestaat in deze constructie uit het opleiden van dienstplichtige manschappen tot geoefende militairen. Een aanzienlijk deel van de beroepsmilitairen in de lagere rangen in die situatie bestaat dan ook uit instructeurs. Juist in die functie van opleider kwamen

---

285 'Leidde oud-SS'er onderofficieren op?', *Trouw*, 26-06-1968.

Montijn en Willem Timmers logischerwijze dan ook terecht na Korea. Het lijkt dus voor de hand te liggen dat zij gewoon op die plaats terecht kwamen omdat dat nu eenmaal de plaats was waar veel van de beroepsmilitairen in de lagere rangen terechtkwamen, en niet voor een dergelijke functie werden geselecteerd op basis van hun oorlogsverleden. Bovendien komen de hiergenoemde militairen pas na Korea als instructeur bij de KL terecht. In Indië en Korea had de naoorlogse KL voldoende gevechtservaring op kunnen doen om hiervoor niet afhankelijk te zijn van een onbekend aantal oud-SS'ers.

Conclusie

Na de Tweede Wereldoorlog kwamen verschillende voormalige militaire collaborateurs onder de wapenen bij de Koninklijke Landmacht. Een gedeelte van hen werd opgeroepen om militaire dienstplicht te verrichten, anderen meldden zich als vrijwilliger voor de strijd tegen de Indonesische nationalisten of voor de strijd in Korea en werden goedgekeurd voor militaire dienst. In al deze drie scenario's zijn er mannen geweest die na het doorlopen van hun aanvankelijke diensttijd zijn overgegaan tot een beroepsverband bij de Landmacht. Behalve Jan Folmer wekt geen van hen de indruk op grond van zijn SS-verleden structureel te zijn benadeeld of geminacht, al laten ook Jan Franken en Jan Niessen weten in hun eigen ervaring wel degelijk te zijn benadeeld vanwege hun SS-verleden. Toch geeft ook Folmer aan dat zijn diensttijd bij de Landmacht voor hem niet alleen kommer en kwel is geweest, en dat hij erin slaagde het respect van de militairen in zijn omgeving voor zich te winnen. Geen van de onderzochte bronnen spreekt over, door hun oorlogsver-leden gemotiveerde, structurele discriminatie of pesterij-en tegen oud-SS'ers binnen de Landmacht.

Alle onderzochte gevallen zijn geboren na 1918 , en vallen daarmee in de categorie 'jeugdgevallen' die door de Bijzondere Rechtspleging in de 'afrekening' met de colla-borateurs na de Tweede Wereldoorlog relatief mild zijn bestraft. Het "besluit 17 januari 1947" heeft hierin een cruciale rol gespeeld.

Naar aanleiding van de commotie die ontstond, toen een oud-SS'er in 1968 voor de VARA-radio verklaarde te hebben gevochten in Korea en vervolgens als beroepsmi-litair te hebben gediend bij de Koninklijke Landmacht, bevestigde het Ministerie van Defensie dat inderdaad ver-schillende oud-SS'ers hadden gediend in de naoorlogse Landmacht. Het Ministerie verklaarde verder dat het in alle gevallen ging om 'jeugdgevallen', die als minderjarige in de *Waffen-SS* waren beland; deze personen moesten volgens Defensie in de ogen van de regering als 'gerehabi-liteerd', lees hersteld in hun ontnomen burgerrechten, worden beschouwd en konden dus gewoon aanblijven als beroepsmilitair. Deze verklaring is in overeenstemming met het beeld dat ontstaat bij het bestuderen van de beschikbare bronnen. Hierbij is het van belang om te beseffen dat niet alle "jeugdgevallen" uitsluitend bij de *Waffen-SS* hadden gediend, maar ook bij overige Duitse krijgsmachtsonderdelen.

Daarbij staat vast dat de Landmacht al tijdens de inzet van het NDVN in Korea op de hoogte was van het feit dat verscheidene oud-SS'ers zich als vrijwilliger bij deze eenheid hadden aangesloten. Er lijkt dus geen reden om de eerder genoemde verklaring van het Ministerie van Defensie af te doen als een poging om deze 'kwestie' achteraf met een sisser te doen laten aflopen. verschillende van deze mannen laten bovendien achteraf weten een 'verzoek om eerherstel' te hebben ingediend om in Korea te kunnen dienen. Dit verzoek is in zoverre ingewilligd, dat het hen werd toegestaan om, ondanks door de Bijzondere Rechtspleging voor tien jaar te zijn ontzet uit het recht om te mogen dienen in de gewapende macht, toe te treden tot de Landmacht. Dat sluit aan bij een bredere ontwikkeling met betrekking tot de herintegratie van voormalige politieke delinquenten in de samenleving, zoals Ismee Tames deze beschrijft in haar studie *Doorn in het vlees*. Via deze weg kwamen ook mannen als Breijerinck en Enninga die vanwege hun veroordeling door de Bijzondere Rechtspleging in respectievelijk 1948 en 1946 als dienstplichtige waren afgewezen, onder de wapenen bij het NDVN.

Met betrekking tot de als dienstplichtige opgeroepen, en gedeeltelijk naar Indië uitgezonden, militairen met een *Duits* verleden, blijft een hoop onduidelijkheid bestaan inzake het bewustzijn van de Landmacht met betrekking tot hun verleden. We hebben gezien dat een aantal van hen, onder andere Niessen, Smakman, en Neijenhuis ondanks voor de duur van tien jaar te zijn ontzet uit het recht om te mogen dienen bij de gewapende macht, gewoon als dienstplichtige onder de wapenen is gekomen. Het geval van S. uit Amsterdam, waaraan wordt gerefereerd in *De Waarheid* van 9 juli 1947, illustreert zelfs een situatie waarin een veroordeeld persoon op basis van zijn veroordeling vruchteloos probeert om uit dienst te blijven. De officiële dossiers van Jan Enninga en Martinus Gijsbertus Beijerinck. schetsen juist het tegenovergestelde beeld: beiden mogen vanwege hun veroordeling niet in dienst. Mogelijk werden zij pas geweerd nadat zij zelf iets over hun verleden hadden losgelaten. Het lijkt onwaarschijnlijk dat de Landmacht hiervan op de hoogte was, hen wel heeft opgeroepen en vervolgens op basis van het verleden geweerd.

Uit de bronnen spreekt hier vooral een beeld van willekeur, waarbij niet in alle gevallen even zwaar is getild aan het oorlogsverleden van aspirant-militairen in kwestie. Dat wekt de indruk dat *adhoc* is besloten of de dienstplichtige oud-SS'er in kwestie werd toegelaten tot de Koninklijke Landmacht of niet. Wanneer een SS-verleden pas in de loop van de diensttijd bekend raakte, zoals in het geval van Niessen, dan hoefde dit niet te betekenen dat de militair in kwestie alsnog uit dienst werd ontslagen. Toch lijkt willekeur de lading niet volledig te dekken.

Een betere verklaring voor deze schijnbaar willekeurige gang van zaken ligt waarschijnlijk in de omslag in de Bijzondere Rechtspleging, en de lage prioritisering daarvan ten opzichte van "Jeugdgevallen". Als gevolg hiervan werden talloze reeds veroordeelde "jeugdgevallen" met terugwerkende kracht hersteld in het recht om te mogen dienen bij de gewapende macht. En daarmee toegevoegd aan het reservoir potentiële dienstplichtigen, soms zonder hiervan zelf op de hoogte te zijn. Terwijl anderen al lang volgens de normale gang van zaken voor militaire dienst waren opgeroepen, voordat hun proces was begonnen. Op die manier kwam het voor dat reeds in Indië verkerende dienstplichtigen op het matje werden geroepen om, op verzoek van de Bijzondere Rechtspleging in Nederland, inlichtingen te verschaffen over hun oorlogsverleden.

Dit verleden kon vervolgens nog wel eens opspelen, zoals we zagen bij Folmer, en een belemmering vormen in de kameraadschappelijke omgang met andere militairen of bij het maken van promotie. Op basis van de bestudeerde bronnen blijkt echter nadrukkelijk dat dit niet voor alle militaire collaborateurs in de Landmacht het geval is geweest. Zo heeft bijvoorbeeld Jan Niessen achteraf warme herinneringen aan de kameraadschap die hij in de Landmacht heeft ervaren. Van structurele discriminatie of een behandeling als tweedeklas militairen lijkt op basis van de bestudeerde bronnen geen sprake. Hieruit wordt eerder duidelijk dat militairen in kwestie gewoon konden opklimmen in rang, en werden onderscheiden voor hun inzet. Waarschijnlijk heeft de manier waarop deze mannen zelf omgingen met hun eigen verleden meegespeeld in de mate waarop anderen het hen hebben aangerekend, in overeenstemming met de constateringen van Ismee Tames in haar studie naar de herintegratie van voormalige collaborateurs in de burgermaatschappij.

De Landmacht maakte zeker dankbaar gebruik van de gevechtservaring die deze mannen aan het Oostfront hadden opgedaan en in Indië en Korea in de praktijk konden brengen. Ze deed dit echter niet door hen te concentreren in speciale eenheden of instructeur functies, maar *adhoc* te velde wanneer de situatie daar om vroeg en deze mannen op een 'natuurlijke' manier reageerden op de omstandigheden. Te velde lukte het verschillende oud-SS'ers, zoals Folmer, door hun gevechtservaring ten toon te spreiden om het respect winnen van militairen die hen vanwege hun achtergrond aanvankelijk onvriendelijk waren gezind. Informeel lijkt, in sommige gevallen, zelfs sprake te zijn geweest van een zekere mate van waardering voor de achtergrond van de militairen in kwestie en de ervaring die deze hen had bijgebracht. Zo blijkt uit de herinneringen van Niessen, die door zijn wapenbroeders van het peloton in het zonnetje werd gezet, om te vieren dat hij hen uit een benarde situatie had gered. Waarbij altijd in acht genomen dient te worden

Alles bijeengenomen lijken oud-SS'ers en andere voormalige militaire collaborateurs door de Landmacht niet te zijn aangemerkt en behandeld als een aparte categorie. Zij waren gewoon militair zoals alle anderen. Hun collaboratie verleden vormde geen aanleiding tot een bijzondere behandeling of structurele discriminatie. Mannen die aanvankelijk vanwege hun verleden uit de gelederen van de Koninklijke Landmacht waren geweerd werd later, toen zij zich als vrijwilliger aanmeldden voor de strijd in Korea, geen strobreed in de weggelegd om te dienen in het NDVN. Dat wekt dan ook sterk de indruk dat zij aanvankelijk waren uitgesloten omdat zij juridisch waren ontzet uit het recht om te dienen in de gewapende macht, en niet zozeer vanwege hun collaboratie waarvan die veroordeling het gevolg was geweest. Vooropgesteld moet worden dat het mannen betrof die als minderjarige in Duitse dienst waren getreden, en door de Bijzondere Rechtspleging derhalve als 'jeugdgeval' werden aangemerkt.

Bovendien moest men wel een jeugdgeval zijn geweest om als dienstplichtige te worden opgeroepen. De eerste lichting die na de Tweede Wereldoorlog onder de wapenen kwam was immers geboren in 1925. Hier valt ook op dat mannen, zoals Folmer en Montijn, die aan de aanvankelijke ondergrens van de categorie 'jeugdgeval' raakten al behoorden tot de 'ouderen' onder de Koreagangers. Voor Gerardus Nagel, geboren in 1919, geldt dat natuurlijk in een nog sterkere mate.

Van structurele tegenwerking of discriminatie lijkt op basis van de bestudeerde gevallen dan ook geen sprake te zijn, en dat sluit aan bij het bredere proces van herstel in burgerrechten dat door Ismee Tames wordt geschetst in haar studie *Een doorn in het Vlees*. De Nederlandse overheid en politiek zaten in het spanningsveld van de Koude Oorlog namelijk niet te wachten op een groep van tienduizenden tweederangsburgers, en zochten daarom naar middelen om de voormalige collaborateurs te herstellen in ontnomen burgerrechten. Het verrichten van krijgsdienst in Korea werd hiertoe in een aantal gevallen een geschikt middel bevonden, maar nooit breed uitgedragen of gepropageerd onder oud-'wapendragers' als 'snelweg' tot 'rehabilitatie'. Deze gang van zaken sluit aan op het bredere beleid qua herintegratie zoals geschetst in *Een doorn in het Vlees*, waarin coulant werd omgegaan met het teruggeven van rechten aan voormalige politieke delinquenten op basis van door het zelf ingediende individuele verzoekschriften.

Dan blijft de vraag bestaan hoe succesvol dit beleid is geweest. Het thema 'een fout verleden' vormde in de tweede helft van de 20ste eeuw immers vaak genoeg een heet hangijzer. Het pragmatische realisme van een rationele overheid ingegeven door de Koude Oorlog context heeft zich in veel opzichten nooit vertaald in een rationele omgang met het emotionele oorlogsverleden door het gros van de bevolking. Maar het heeft ongetwijfeld individuele gevallen de kans geboden om een nieuw bestaan op te bouwen, ook binnen de krijgsmacht.

Vermoedelijk zijn er individuele ambtenaren/militairen die op eigen gelegenheid, en op wat voor grond dan ook, hebben geweigerd aan dit beleid mee te werken. De bestudeerde bronnen wijzen ook uit dat de 'ontvangst' en behandeling van deze personen van geval tot geval verschilde. Het is daarbij niet onwaarschijnlijk dat 'het verleden' niet de enige factor van belang was in de manier waarop tegen deze mensen werd aangekeken, en dat ook hun persoonlijke houding hierin een rol heeft gespeeld. Ondanks een formele acceptatie kon 'het verleden' desondanks een stempel drukken op de informele omgang met de militairen in kwestie. Daarin ligt dan weer de nuance verborgen dat 'geschiedenis' niet wordt vormgegeven door homogene groepen, maar door individuele personen die haar optekenen aan de hand van hun persoonlijke ervaringen.

Het verder bestuderen van deze groep 'wapendragers' in de Koninklijke Landmacht verdient aanbeveling om tot een dichtere benadering van de historische realiteit te komen, en te kijken naar de mogelijke invloed die deze mannen hebben gehad op de Koninklijke Landmacht en het Nederlandse bataljon in Korea in het bijzonder. Het uitbreiden van het raadpleegbare bronmateriaal stelt toekomstige onderzoekers waarschijnlijk in staat om een

vollediger beeld te vormen; bijvoorbeeld waar het gaat
om de militaire loopbaan van deze mannen. Voorlopig
geldt: de beschikbare bronnen zijn schaars, maar hier
geldt dat de historicus moet werken met de bronnen die
hem ter beschikking staan. Dit is het beeld dat ontstaat
op basis van die bronnen, dus daar moeten we het voorlopig mee doen.

Geraadpleegde literatuur en aangehaalde bronnen

Literatuur

Bartels, J.A.C., *Tropenjaren: Patrouilles en ploppers. Het dienstplichtig 2ᵉ eskadron Huzaren van Boreel in Nederlands-Indië 1947-1950* (Amsterdam 2009).

Belinfante, A.D., *In plaats van bijltjesdag. De geschiedenis van de bijzondere rechtspleging na de Tweede Wereldoorlog* (Assen 1978).

Brijnen van Houten, P., *Brandwacht in de Coulissen. Een kwart eeuw geheime diensten* (Houten 1988).

Creveld, van, M., *Oorlogscultuur* (Houten 2009).

Esterik,van, C., 'Het litteken van het scheermes: SS'ers in Nederlands-Indië tijdens de Politionele Acties', *NRC Handelsblad*, 24 november 1984.

Esterik, van, C., 'De vinger op de oude wonde. Politieke delinquenten onder de wapenen in 'ons Indië", *NRC Handelsblad*, 30 november 1985.

Elands, M., de Moor, J.A. (ed.), *Het Nederlandse militaire optreden in Nederlands-Indië/Indonesië 1945- 1950.Een bibliografisch overzicht* (Den Haag 2004).

Grevers, H., *Van landverraders tot goede vaderlanders. De opsluiting van collaborateurs in Nederland en België, 1944-1950* (Amsterdam 2013).

Groen, K., *Fout en niet goed. De vervolging van collaboratie en verraad na de tweede wereldoorlog* (Hilversum 2009).

Kamp, van de, R., *Bandieten, te wapen! Nederlandse partizanen in Italië in de Tweede Wereldoorlog* (Nijmegen 2020).

In 't Veld, N.K.C.A., *De SS en Nederland* (Amsterdam 1976), 410.

Pierik, P., *Van Leningrad tot Berlijn. Nederlandse vrijwilligers in dienst van de Duitse Waffen-SS 1941-1945* (Soesterberg 2000/2006).

Schumacher, P., *Ogenblikken van genezing. De gewelddadige dekolonisatie van Indonesië* (Amsterdam 1996/2011).

Steiner, F. *Die Freiwillige. Idee und opfergang der Waffen-SS* (Munchen 1958).

Stiphout, R., *De bloedigste oorlog. Het vergeten bataljon Nederlandse militairen in Korea* (Amsterdam 2009).

Tames, I., *Doorn in het vlees. Foute Nederlanders in de jaren vijftig en zestig* (Amsterdam 2013).

Trig, J., *Hitlers Vikings. The history of the Scandinavian Waffen-SS: the legionss, the SS-Wiking and the SS-Nordland* (Glostershire 2010).

Valk, G., *'Pantsers stooten door, Stuka's vallen aan'. Melchert Schuurman: Een muziekleven in dienst van de NSB en de Waffen-SS* (Amsterdam 2014).

Valk, G. *Vechten voor Vijand en Vaderland. SS'ers in Nederlands-Indië en Korea* (Boom 2017).

Verhips, G., *Mannen die niet deugden. Een oorlogsverleden* (Amsterdam 1998).

Vincx, J. & Schotanius, V., *Nederlandse vrijwilligers in Europese Krijgsdienst 1940-1945. Deel 4: 5. SS-Pantserdivisie "Wiking" alsmede diverse militaire formaties* (1991), 649.

Zee, van der, S., *Voor Führer volk en vaderland. De SS in Nederland* (Amsterdam 1992).

Bronnen

Armando en Sleutelaar, *De SS'ers* (Amsterdam 1967).

Brugman, P., *Naar de Oost. Een oorlogsvrijwilliger in Nederlands-Indië* (Kampen 2000).

Cohen, P. en van Haalen, M., *De voorste linie* (2006).

Donkers, L., 'OVT', *VPRO* radio, 12-03-2000.

Doorn, van, B., *Bastiaan Herber.* (Ongepubliceerd profiel)

Doorn, van B., *P.K. Smit.* (Ongepubliceerd Profiel)

Folmer, J.J.R., *Waffenbrüder. Ein Niederländer in Russland und Korea* (Salzburg 2011).

Gerritse, P., *De verzetsvrouw en de SS'er* (Amsterdam 2006).

Kleijn, C., *Mythen en Werkelijkheid. Nederlandse SS'ers aan het Oostfront.* Collegereeks aan de UVA, 2e semester 2e blok, college jaar 2013-2014.

Kooyman, D.A., *Montyn*, (1985).

Linden, van der., K., 'De bevrijding van een SS'er', *Haarlems Dagblad*, 20-06-1998.

Mak, G., *De eeuw van mijn vader* (Amsterdam 1999).

Mierlo, van, G., *Kind bij de Waffen-SS* (Tiel 2012).

Niessen, J., *Jeugdsentiment en crisistijd* (2001)); opgenomen in de bronnenreader voor de collegereeks *Mythen en Werkelijkheid, Nederlandse SS'ers aan het Oostfront* (UVA 2013-2014), samengesteld door C. Kleijn.

Romijn, P., 'OVT', *VPRO* radio, 12-03-2000.

Romijn,P., *Checkpoint*, 1ste nummer 2000.

Zee, van der, S., *Voor Führer volk en vaderland. De SS in Nederland* (Amsterdam 1992).

Krantenartikelen afkomstig uit de digitaal raadpleegbare collectie van de Koninklijke Bibliotheek

'Almere weert etser om oorlogsverleden', *De Telegraaf*, 07-12-1984.

'SS- er Klaassen werft Hongarije vrijwilligers', *De Waarheid*, 16-11-1956.

'SS'ers worden weer soldaat', *De Waarheid*, 09-07-1947.

"Ik wil wel naar Korea zei SS'er, tegen wie de doodstraf werd geëist', *Leeuwarder Courant*, 01-11-1951.

'Expositie Montyn in Leeuwarden afgelast', *Nieuwsblad van het noorden*, 03-04-1985.

'SS'ers vochten in koloniale oorlog', *De Waarheid*, 27-11-1984.

'Brieven', *NRC Handelsblad*, 08-12-1984.

'Hoeveel SS'ers gingen er met het Korea detachement mee?', *De Waarheid*, 14-11-1950.

'Leidde oud-SS'er onderofficieren op?', *Trouw*, 26-06-1968.

'Oud SS'ers konden na de oorlog naar Korea', *Trouw*, 28-06-1968.

'Het geheim', *De Waarheid*, 29-02-1968.

'De helden van de 38ste breedtegraad', AD, 29-10-1988.

Aangehaalde Persoonlijke staten van dienst zoals bijgehouden door de Koninklijke Landmacht

Bijerinck, Martinus Gijsbertus, 26.03.30.262.

Doon, R.G., 25.09.12.076

Enninga, J., 28.03.03.754.

Folmer, J.J.R, 23.05.04.027.

Franken, J., 28.09.01.010

Geilswijk, van, H., 26.08.02.181

Heusschen, B., 25.05.15.150
Hoen, 't, J.A., 28.04.13.344
Horst, ter, F. 28.02.09.369
Horstmann, C., 24.01.20.035
Jong, De, J.D., 22.04.02.028
Magnee, C., 19.10.15.003
Montijn, J., 24.11.13.455
Mulder, J., 18.05.05.020
Nagel, G., 19.09.21.024.
Orval, A., 27.07.06.239
   Polet, J., 25.07.02.066
Scheerman, J.L., 26.07.05.117
Smakman, T., 26.03.26.201.
Smit, P.K., 28.01.06.392
Sonneville, H.P., 28.03.30.699
Soukop, H., 26.08.01.232
Tonis, D., 25.03.19.158
Woudenberg, D., 28.06.23.368
Zinkstok., W.H., 27.06.05.005.

Kamerstukken
Tweede Kamer, 1967-1968, bijlagen # 9479.3. Naturalisatie van Babucke, Heinz-Wolfgang en 26 anderen.
Tweede Kamer, 1924-1925, bijlagen # 285.8. Wijziging van de dienstplichtwet.

Geraadpleegde dossiers Nationaal Archief
Archief Ned. Detachement VN Korea, # 2.13.56

Geraadpleegde dossiers Centraal Archief Bijzondere Rechtspleging

Beer, van der, Cornelis Johannes (Thiele, 28-1-1902)
CABR 110851 (PF Den Bosch, dossiernummer 2665)
Doon, Rudolf George (Gombong, 12-9-1925)
CABR 74274 (PARKET Den Haag, dossiernummer 155)
Duijvestijn, Antonius Adrianus (Den Haag, 16-8-1927)
CABR 89545 (PRA Den Haag, dossiernummer 8002)
Enninga, Johannes (Jan) Petrus (Heerlen, 3-3-1928)
CABR 94984 (PRA Maastricht, dossiernummer 1601)
CABR 111261 (PF Den Bosch, dossiernummer 14608)
STPD Eindhoven 487, dossier Enninga, 3-3-1928)
Folmer, Jan Johan Reinders (Amsterdam, 4-5-1923)
CABR 96671 (PRA Rotterdam, dossiernummer 14774)
CABR 75234 (BRvC, dossiernummer 233/47)
Franken, Johannes Albertus (Haarlem, 1-9-1928)
CABR 106038 (PF Amsterdam, dossiernummer T32713)
STPD Den Haag 669, dossiernummer 377
Geylswijk, van, Hermanus (Amsterdam, 2-8-1926)
CABR 107406 (PF Amsterdam, dossiernummer T70039)
Heusschen, Bartholomeus (Heer, 15-5-1925)
CABR 94987 (RP Maastricht, dossiernummer 3007)
CABR 111519 (PF Den Bosch, dossiernummer 22236)
STPD Maastricht 1141, dossier B. Heusschen

Herber, Bastian (Utrecht, 25-6-1928)

CABR 97732 (PRA Utrecht, dossiernummer 10310)

CABR 106666 (PF Amsterdam, dossiernummer T51490)

Horstman, Chris (Rotterdam, 20-1-1924)

CABR 89154 (PRA Enschede, dossiernummer 2311)

CABR 16397 (Tribunaal Amelo, dossiernummer 958)

Hoen, het, Johannes Antonius (Rotterdam, 13-4-1928)

CABR 92439 (PRA Haarlem, dossiernummer 8814)

CABR 105859 (PF Amsterdam, dossiernummer T25710)

Horst, ter, Frederikus Johannes (Amsterdam, 9-2-1928)

CABR 86254 (PRA Amsterdam, dossiernummer 36927)

CABR 106720 (PF Amsterdam, dossiernummer T52131)

Jong, de, Diederik (Den Helder, 2-4-1922)

CABR 92903 (PRA Heerlen, dossier Jong, D. de)

CABR 86484 (PRA Amsterdam, dossiernummer 35925)

CABR 7593 (PRA Alkmaar, dossiernummer 7553)

CABR 62597 (BG Amsterdam, dossiernummer 715/47)

STPD Amsterdam 66, dossier de Jong, Diederik

STPD Heerlen 930, dossiernummer 717

Kaandorp, Jaap Nicolaas (Alkmaar, 22-4-1928)

CABR 2509 (PRA Alkmaar, dossiernummer 1880)

CABR 105236 (PF Amsterdam, dossiernummer T10295)

Klaassen, Leonardus J. (Eindhoven, 1-11-1923)

CABR 86446 (PRA Amsterdam, dossiernummer 62559)

CABR 93868 (PRA Den Bosch, dossiernummer 13738)

CABR 104299 (PRA Den Haag, dossiernummer 4558/IV/47)

CABR 103311 (PRA Den Haag, dossiernummer 2243/IX/46)

CABR 111685 (PF Den Haag, dossiernummer 28727 en 28728)

Magnee, Constant Robert (Den Haag, 15-10-1919)

CABR 104399 (PRA Den Haag, dossiernummer 5969/IA/47)

CABR 74181 (PARKET Den Haag, dossiernummer 14)

Montijn, Jan (Oudewater, 13-11-1924)

CABR 89477 (PRA Gouda, dossiernummer 1363)

CABR 110240 (PF Den Haag, dossiernummer 7042/47)

STPD Rotterdam 1429, dossiernummer 1641

Mulder, Johan (Den Haag, 5-5-1918)

CABR 36646 (Tribunaal Den Haag, dossiernummer 2064)

Moolenbel, Jan Willem (Den Haag, 25-9-1927)

CABR 74254 (PARKET Den Haag, dossiernummer 192)

Neijenhuis of Neyenhuis of Nijenhuis, Hugo (Amsterdam, 1-11-1926)

Centraal Archief van de Bijzondere Rechtspleging (2.09.09)

CABR 86482 (PRA Amsterdam, dossiernummer 34507)

CABR 106102 (PF Amsterdam, dossiernummer T35212)

Stichting Toezicht Politieke Delinquenten (2.09.42.01)

STPD Amsterdam 95, dossier Nijenhuis, Hugo

Niessen, Jan (Heerlen, 21-2-1927)

CABR 88663 (PRA Eindhoven, dossier Niessen, Johan Louis Hubertus)

CABR 111940 (PF Den Bosch, dossiernummer 40165)

CABR 72140 (BG Den Bosch, dossiernummer 539)

Orval, Andreas Gerardus (Tegelen, 6-7-1927)

CABR 95913 (PRA Roermond, dossiernummer 1450)

CABR 71845 (BG Den Bosch, dossiernummer 177)

STPD Maastricht 1147, dossier A.G. Orval

Polet, Johan Willem Diederik (Amsterdam, 2-7-1925)

CABR 65240 (BG Amsterdam, dossiernummer 42 VA 49)

STPD Amsterdam 100, dossier J.W.D. Polet

Scheerman, Johannes Laurentius (Heemskerk, 5-7-1926)

CABR 74596 (PARKET Den Haag, dossiernummer 204)

Smakman, Theodorus (Amsterdam, 26-3-1926)

CABR 92708 (PRA Haarlem, dossiernummer 12714)

CABR 107373 (PF Amsterdam, dossiernummer T65777)

Smit, Pieter Klaas (Amsterdam, 6-1-1928)

CABR 86158 (PRA Amsterdam, dossiernummer

28615)

CABR 107613 (PF Amsterdam, dossiernummer G6392)

STPD Amsterdam 115, dossier Smit, Pieter Klaas

Sonneville, Harry (Maastricht of Eindhoven, 30-3-1928)

CABR 88517 (PRA Eindhoven, dossier Sonnevile, H.)

CABR 112295 (PF Den Bosch, dossiernummer 52075)

STPD Tilburg 1450, dossiernummer 114

STPD Amsterdam 116, dossier Sonneville, H.P.

Tonnis, Derk (Nieuwe-Pekela, 19-3-1925)

CABR 87493 (PRA Emmen/Coevorden, dossiernummer 250)

CABR 109076 (PF Assen, dossiernummer 5546)

Wassenberg, van, Antoon (Weesperkarspel, 28-5-1927)

CABR 94269 (PRA Hilversum, dossiernummer 3114)

CABR 106041 (PF Amsterdam, dossiernummer T31468)

STPD Amsterdam 134, dossier A. van Wassenberg

Woudenberg, Rudolf Dirk (Ijmuiden, 23-6-1928)

CABR 86470 (PRA Amsterdam, dossiernummer 43620)

CABR 106180 (PF Amsterdam, dossiernummer 36643)

Geraadpleegde websites

Axis History Forum: axishistory.com

Feldgrau Forum: feldgrau.net

Nederlanders in de Waffen-SS: waffen-ss.nl

Vereniging Oud Korea Strijders: voxvoks.nl

Dankwoord

Aanvankelijk voelde het ietwat vreemd om dit project opnieuw op te pakken. Na mijn afstuderen in 2014 heb ik het naast mij neer gelegd, maar nooit echt afgesloten. Tal van andere activiteiten en verplichtingen maakten dat ik zogezegd niet in de gelegenheid kwam om opnieuw in de materie te duiken. Toen kwam dankzij COVID-19 opeens alles tot stilstand en zaten we massaal gedwongen thuis, met meer dan voldoende tijd om allerhande projecten uit de spreekwoordelijke ijskast te halen en nieuw leven in te blazen. Zo ging ik aan de slag om mijn scriptie uit 2014 uit te breiden en aan te vullen. Hetgeen heeft geresulteerd in dit boek, dat zeker nog niet als de eindbestemming van dit onderzoek mag worden aangemerkt.

Vanaf het moment dat dit project begon als een onderzoeksvoorstel tot nu heb ik veel hulp gehad van verschillende mensen, die ik graag allen wil bedanken ook als ik ben vergeten om ze hier bij naam te noemen. Vooraleerst mijn toenmalige scriptie begeleiders Prof. Herman Amersfoort en Cees Kleijn bedanken voor hun hulp, geduld, aandacht en aanknopingspunten. Ook wil ik voor zijn hulp en medewerking graag Gerrit Valk bedanken met wie ik destijds samen naar Oostenrijk afreisde om Jan Folmer te interviewen over zijn ervaringen en natuurlijk ook Jan Folmer zelf omdat hij ons had uitgenodigd om hem te komen bezoeken.

Voor het wisselen van gedachten en uitwisselen van interessante informatie en aanknopingspunten wil ik graag in willekeurige volgorde bedanken: Bernie van Doorn, Rende van de Kamp, Alex Dekker, Hans Horstman, Leo Schreuders van VOKS. Ook de medewerkers van het Nationaal Archief ben ik erg dankbaar voor hun hulp bij het beschikbaar stellen en inzien van historische documenten.

Voor het geduld en de aandacht om uit mijn woordenbrij wat leesbaars te maken ben ik Marjolein Bergman bijzonder dankbaar. Zonder haar hulp waren al mijn zinnen nog steeds door honderden ;'s aan elkaar verbonden. In het bijzonder wil ik nog mijn inmiddels overleden vader bedanken voor al zijn hulp en reflecties bij het totstandkoming van mijn scriptie: Leonardo, deze is voor jou!